100余幅
老牌讽刺漫画
背后的英国

英吹势兴

Lacey Baldwin Smith

English History

Made Brief, Irreverent and Pleasurable

[美]
莱西·鲍德温·史密斯——著
杨佳琳——译

教授的
英国史

北京时代华文书局

致

摇摇晃晃的王位背后的力量：

我永远的妻子琼，和我的三个孩子——

麦卡利斯特、丹尼森和凯瑟琳·钱德勒。

目 录

毁誉参半之言

恐怕再没有哪个国家会像英国一样引发如此多的争议。这个芝麻粒儿大的小岛是许多足以改变世界的思想和制度的摇篮，被盛赞为现代雅典。然而，蜗居在这个远离欧洲大陆西海岸的小岛上的英国人，却因其特有的自矜和虚伪受到欧洲乃至全世界地鄙夷。邓肯·斯佩思（Duncan Spaeth）那句名言戳中了很多人："英国之所以号称日不落帝国，是因为上帝不会相信任何一个黑暗中的英国佬。"那我们到底该如何理解这种"反差"呢？首先必须了解这些历史书写者的法力，正是英国人的选择和雕琢塑造了他们的形象与特色，以及其双重性。

首先，不列颠群岛上的盎格鲁-撒克逊人是恬不知耻地挤开凯尔特人上位的。只有当这些爱尔兰人、苏格兰人、威尔士人影响到了英格兰历史，或者实在无法将凯尔特文化与盎格鲁-撒克逊文化分开时，他们才有机会走上历史舞台——毕竟，统治斯图亚特王朝的是苏格兰人，统治都铎王朝的是威尔士人，而惠灵顿公爵（the Duke of Wellington）则是盎格鲁-爱尔兰人。其次，英国的发家史，既不应抛在脑后，也不该夸张或美化。龙生龙，凤生凤，所谓的英国雄狮，不过是一只盎格鲁-法兰西豹，即便如今复刻了他那高贵祖先的关节炎和花纹标识，但也曾是十分凶猛的野兽。千百年来，可以看出这种生物有着惊人的适应力和无与伦比的天赋，可以将咄咄逼人的本能伪装于具有欺骗性的善意皮囊之下。因此，真正的盎格鲁人会刻意忽视自己嗜血的本性，宽恕自己高傲的态度，不认为所有出生在凯尔特边境的人都微不足道，不把任何来自美国、加拿大、澳大利亚、新西兰、印度、巴基斯坦和非洲的游客当前殖民地人看待，并且聚焦于自家王室礼仪的高贵典雅。

当这本书的作者在鸡尾酒会或晚宴上问起他的朋友们他们印象中的不列颠时，一些老家伙会说是"帝国"，新生一代会说是温啤酒、茶、雨伞和王室，而大多数人会说是"历史"。尽管大不列颠不再是世界霸主，但不列颠文明依旧源远流长，本书除了用一个小节讲述关于这个小岛不可或缺的事实和数据外，更致力于以简洁、轻松、愉悦的方式向大家展示不列颠历史中的英格兰篇章。

不列颠尼亚[1]和英格兰雄狮都患有严重的关节炎

---

① 罗马帝国对不列颠颠岛的拉丁语称谓。

第二章
关于地理、人口和术语

我们习惯将不列颠群岛划分为英格兰、威尔士、苏格兰，以及爱尔兰。事实上，它是由四百个岛屿组成的"大西洋群岛"，其中两百个岛上有人居住。构成英国的两大岛屿曾经是相连的，现在最近处相距不过十几英里 [①]，再回溯不到一万年，整个群岛都是连在一起的，粘连在欧洲大陆上。

"不列颠"这个词语来源于布利吞语，是岛民凯尔特人说的两种土语之一（英格兰人和威尔士人讲布利吞语，苏格兰和爱尔兰人讲戈伊德尔语）。西欧的大部分地区都有凯尔特人的身影，尽管不列颠-凯尔特后代不情愿，但他们事实上与那些远在欧洲大陆的兄弟姐妹们血浓于水，以至于约克郡的巴黎人将他们的名字借给了高卢的凯尔特人，用来命名那个后来成为法兰西首都的河

[①] 为尊重原注，本书中的英制计量单位保持不变。

流定居点。

从面积上看，这两个岛屿不过比新英格兰加纽约大一点点——英格兰约有 50000 平方英里，比纽约州大约 900 平方英里；威尔士约有 8015 平方英里，差不多相当于马萨诸塞州；苏格兰约有 30400 平方英里，约等于康涅狄格州、新罕布什尔州、罗得岛州和佛蒙特州的总和；而爱尔兰（包括北爱尔兰和爱尔兰共和国）有 32000 平方英里，差不多是一个缅因州的大小，由此导致不列颠人对这个世界其他地方的大小有些许误会。[①] 传说大航海时期，有一户英格兰人家送他们的女儿去纽约。他们怕独生女在那样一个危险的城市人生地不熟，于是给在加利福尼亚州的朋友拍了电报，让他前去迎接。朋友回电说："还是你们自己去吧，毕竟你们离得更近。"

以新世界的标准来看，这个小岛面积狭小；但从人口角度来说，却格外拥挤。约4620万人生活在英格兰，这就好比往1900万人口的纽约州塞入整个得克萨斯州，附带马萨诸塞州。可以在如此狭小的空间内容纳下如此多元的文化，这在世界上绝无仅有。这个岛上大约有三万个地名，其中三分之一的名字发音很拗口，不知如何念起，另外一些甚至很莫名其妙，比如"嚎叫屋"（Blubberhouses）、"一大口"（Chew Magna）、"大呼噜"（Great Snoring）、"卑鄙的雷顿"（Leighton Buzzard）、"特伦特鬼混点"（Piddletrenthide）以及"史迪奇"（Stiffkey，读作Stookey）。

前往不列颠旅游的人们时常会忽视这里有多靠北。除了挨着法国领海的海峡群岛外，不列颠群岛的其他岛屿都比美国本土的

---

① 本书所引用数据均为原版书出版时（2006）的数据。

纬度更高。伦敦位于纽芬兰以北，爱丁堡只比阿拉斯加的朱诺低一纬度，而不列颠最北边的设得兰群岛则和格陵兰的尤利安娜霍布并驾齐驱。多亏墨西哥湾暖流才让不列颠的气候免于寒冷，可见它对不列颠人的生存至关重要，所以当19世纪有人提议要在佛罗里达挖条运河时，不列颠政府极力反对，害怕洋流会因此偏移几度，以致这个提议遭到否决。穿行于英吉利海峡和北苏格兰的暖流，以及不列颠极北的地理位置，共同造就了这个世界上最喜怒无常的天气。所以英国的天气预报不是"总体晴好，偶有降雨"就是"多云伴有短时暴晒"。如果您去英国旅游，请务必随身携带雨伞，以及四季衣橱。

强烈建议游客随身带伞

　　如果有人想和英国的朋友通信，通常会被他们的地址搞得很懵。到底应该写英格兰（England）、不列颠（Britain）、大不列颠（Great

Britain），还是联合王国（United Kingdom）呢？从地理层面讲，英格兰仅限于不列颠岛南边和东边的三分之二，而不列颠才包括威尔士和苏格兰的整个岛屿。（所以我们不能称呼苏格兰人或者威尔士人为 Englishman，但是可以叫 Brit 或者 British。）作为法律上的政治实体，"大不列颠"诞生于 1707 年，英格兰和苏格兰正式合并；1801 年，爱尔兰也加入进来，于是有了更"大"的"大不列颠联合王国"（缩写 UK）。即便南爱尔兰已于 1922 年宣告独立，徒留北爱尔兰在联合王国内，但"大不列颠联合王国"依然是官方名称。如果你把信寄往英格兰、不列颠或者大不列颠，那你的伦敦朋友大概率还是能收到的。但如果你写的是大不列颠联合王国的缩写 UK（即便在地图或者报纸上它确实指英国），那你的信可能要跑到乌克兰或者乌干达去了。

英国曾是英码、英磅、英里、英制加仑（比其他任何加仑单位都大）等一系列在历史上赫赫有名的计量方式的诞生之地。亨利一世曾颁布法律规定一英码为他鼻尖到大拇指的距离，可谓传奇。（英码、英尺、英寸的法定长度都被镌刻在了伦敦特拉法加广场的石头上。）起初 1 英磅只有 12 盎司，直到爱德华三世任性地决定 1 英磅要等于 16 盎司。罗马人将英里引入不列颠，并规定一英里等于一千军步，但后来伊丽莎白一世将其改为 5280 英尺。英式加仑则取决于当地的容器和所盛的液体。到了 20 世纪 70 年代，英国的历史和文化遭到碾压式打击——整个王国改采用十进制，独留美国传递历史圣火。公制体系像法军行李一样，曾跟随拿破仑征服欧洲，它曾经合理又陌生，现在终于取得了胜利，甚至攻下了滑铁卢和圣赫勒拿。米、升、克取代了英尺、加仑、盎司。1971 年 2 月 14 日，女王宣布即刻起 1 英镑等于 100 便士，而先令更是沦为现代化的牺牲品，自此混乱的英镑和先令最终落下了帷幕。只有一个古老的度量制存活了下来，那就是石制[1]。老不列颠人现在称体重时依然会使用石制单位而非公斤。

然而，不列颠人也有特立独行、固执己见的一面。他们坚决走在道路错误的一边，而非靠右行。人们曾经一度以为他们会像瑞典人一样，加入欧盟以后就换边了，但既然掌控着全球汽车市场的日本人也走在错误的一边，我们倒是该考虑要不要跟风了。

英语依然是这个国家的官方语言，但当你在伦敦地铁里穿梭时可能会对这一点产生怀疑，毕竟伦敦是这个世界上最国际化的大都市。然而，由于英语是世界通用语（这一点让法国人很郁闷），只要出去旅游会讲英语就能让人听懂，所以大家都能明白我们[2]，而我们不必明白他们。但有一点要记住，不列颠人是不讲美式英语的。温斯顿·丘吉尔、萧伯纳、奥斯卡·王尔德都曾妙语连珠："英国和美国是被一种语言分割的两个国家。"当美国人想要汽油（gasoline）、药房（drugstore）、厕所（toilet）、卡车（truck）、纸巾（napkin），或者尿片儿（nappy）时，这句话即时应验，因为对方通常会反应道："哦，你是说成品油（petrol）、药剂商店（chemist）、盥洗室（loo）、载重汽车（lorry）、餐巾纸（serviette）和尿布（diaper）啊！"当你的房东问你想不想来点甜头（tarts）时，你可要格外小心啦！人家可不是开妓院的，只是想让你尝尝果酱或肉饼而已。如果一个不列颠人要"让你怀孕"（knock you up），不必害怕，他可能只是想叫你起床，大概想叫你喝茶吧。但如果有人想和你"来段露水姻缘"（quick shag），你可要当心了。但另一方面，在落客处

---

① 1石=14英磅。

② 此处指美国人。

（layby）停下来总是安全的。最后，不要找英国人要玛芬蛋糕（muffin），没人听说过那东西。

关于不列颠人最后一点要说的是，他们对于欧洲非常敏感，并且在加入欧盟这个问题上远没有达成统一①。大卫·弗罗斯特②和安东尼·杰伊③都是很典型的英国佬，他们曾经说过不列颠人认为地狱就是"德国人当警察，瑞典人演喜剧，意大利人组建国防军……希腊人管理政府，并且大家都讲荷兰语"。至于法国佬和英吉利海峡，"上帝都认为需要分开的人，就不要在一起了吧"。所以，当您将英国当作欧洲的一部分的时候可要小心了，如果你把英国佬当成欧洲人，他们会非常生气。

---

① 英国已于 2020 年 1 月 31 日晚上 11 时正式退出欧盟。
② 大卫·弗罗斯特（David Frost，1939—2013），英国著名电视节目主持人，记者。
③ 安东尼·杰伊（Anthony Jay，1930—2016），英国政治喜剧《是，首相》和《是，大臣》编剧。

第三章

值得铭记的历史
（1485年之前）

　　基于在无数小酒馆、体育场和社交晚宴上的草根调研，史上最欢乐的英国简史——《诸如1066》（*1066 and All That*，1930）的作者W.C.塞勒（W. C. Sellar）和R.J.耶特曼（R. J. Yeatman）得出结论，英国历史上只有两个值得纪念的日子：公元前55年尤利乌斯·恺撒征服该岛，以及1066年征服者威廉在黑斯廷斯大获全胜。如此节约记忆内存，并且偏要只记得两次惨败，英国人可谓骨骼清奇。如果两位作家的调研持续久些，他们可能会发现第三个令人难忘的日子：1940年6月，英国于敦刻尔克遭受惨败，并且这个日子将优先晋级为这个岛屿最辉煌灿烂的时光。尽管这样描述历史并不严谨，却展现了人类记忆的方式：历史不是真实发生的过去，而是值得铭记的往昔。

开　端

　　尽管盎格鲁后裔一腔热血，期望英国的历史起源于盎格鲁和撒克逊的到来，并且由他们来命名盎格兰［Angleland，随后演变为英格兰（England）］，但事实却是罗马人先到达这里并取名为"不列颠"。凯尔特人取代或者说融合了青铜时代的宽口陶器人和骨灰瓮人，但他们并没有文字，也就无法记录下这个他们称之为家园的岛屿，所以不列颠历史的开端要归功于公元前一百年就到达这里的尤利乌斯·恺撒。然而，恺撒在罗马征服不列颠岛屿中取得的成就仅限于在这个岛上传播已然成熟了的文字。公元前 55 年及次年，他曾两度从高卢出发横跨英吉利海峡，但他太忙了，忙着渡过自家的卢比孔河，忙着铲除除他以外觊觎皇位的人，根本

罗马人向古不列颠人教授罗马文明的先进性

11

没工夫管这些远离罗马和政治文化中心 1000 英里之外的凯尔特蛮夷。11 年后的 3 月 15 日（即公元前 44 年 3 月 15 日），他自己也被消灭了。直到公元 43 年，罗马对于这个岛屿的正式征服才拉开帷幕。在其后的三百年，一队由 6 万罗马官员和士兵组成的队伍将 500 万左右的凯尔特人驯化成了合格的罗马公民。可以与这场"文明"壮举相媲美的，只有 1500 年后 16 万英国佬成功将印度次大陆上的 3 亿居民盎格鲁化，将他们改造成了合格的女王臣民。

自公元前 3000 年左右开始，凯尔特人及其祖先就在英国留下了他们的痕迹。他们不会书写，便用石头表达自己。摆成坟场和怪圈的花岗岩、砂岩、火山岩遍布整个不列颠群岛，其中最有名、最神秘的当数巨石阵。

巨石阵

威尔特郡的巨石阵大概是这个世界上访问量最大的石堆了。这些摆成一系列同心圆的石堆，每个重达 50 吨，小一点的蓝色石头重 4 吨，是从 135 英里以外的威尔士开采的，而 50 吨的巨石则就地取材，只需要拉拽上 24 英里即可。这些石堆的原创设计可以追溯到公元前 3000 年，并在随后几千年里不断改进。德鲁伊祭司的月光献祭固然愚蠢，但遍布不列颠的巨石阵及其兄弟姐妹也往往和生老病死、四季轮回、日月更迭相关。如今参观者太多，于是游客们被禁止入内，他们也因此无法像无数前辈那般，将自己的尊姓大名和人生感悟刻在新石器时期的石头上，借此融入不列颠历史。但他们可以在附近欣赏到直径 11000 英尺、欧洲最大的巨石圈埃夫伯里巨石阵，以及西欧最大的人造丘锡尔伯里山。锡尔伯里山高达 125 英尺的山峰能容得下这两大巨石阵内圈的所有石头。人类受技术所限，又被灵感驱动，这些新石器遗址就是他们竭尽所能地想要表达自己的永恒证明。

如果你善于寻觅，便会发现凯尔特精神依旧风靡全岛，它被封存于乡村和河流的俗名里。埃文河（Avon）在凯尔特语里意为"河流"；泰晤士河（Thames）意为"深沉"；而罗马人曾依其而建切斯特城的迪河（Dee）则意为"女神"或者"圣女"。德文郡（Devon）曾是凯尔特部落杜姆诺尼人（Dumnonii）的领地；而多佛尔港（Dover）得名于当地的多尔河（Dour，"Dour"来源于凯尔特语"Dubran"，有"水"的含义）。

来去匆匆的罗马人
（前 33—410 年）

凯尔特人留下了巨石阵，而罗马人更实在些，他们留下了 5000 英里笔直的军事要道（军用挺好，但商用不行，因为台阶对于牛车来说太陡了）、巴斯顶尖的澡堂子、在各种稀奇古怪的地方（比如温什科姆）出现的星星点点却精美绝伦的马赛克图案，以及最蔚为壮观的哈德良长城——这道屏障伫立在如今苏格兰和英格兰边境以南的地方，高15英尺，宽10英尺，长73英里，是为了防止皮克特人觊觎罗马人的幸福生活而建造的。罗马还曾留下一段传奇，不列颠历史上首位可以称为女英雄或者女爱国者的布狄卡女王（Queen Boadicea），她曾于公元60年领导了一场凯尔特人对抗罗马统治的斗争，尽管血流成河，最终却以失败告终。她的雕像如今屹立于伦敦威斯敏斯特桥国会大厦的那边，可谓恰如其分。然而，有一样东西罗马人没有留下——基督教。在康沃尔和威尔士以外，一众盎格鲁-撒克逊神灵取代了上帝。

盎格鲁-撒克逊和种族大清洗
（410—1066）

公元410年之后的几十年里，罗马军团被召回欧洲大陆，参与到各路将领的皇位角逐战中，而生活在北海沿岸的日耳曼部落（其中包括朱特人、盎格鲁人和撒克逊人）决定扬帆（或者说划桨）至不列颠。随后的两个世纪中，盎格鲁-撒克逊战士们"人神共愤"的行为将这个岛屿彻头彻尾地变成了五六世纪的波斯尼

不，女士，去苏格兰不需要护照

亚，对于岛上的凯尔特原住民，他们或屠杀，或与之联姻，或兼而有之——屠杀男人，强暴妇女。最终，盎格鲁-撒克逊人的燎原政策仿若炽舌从不列颠的西海岸舔舐而过，他们在富饶的东部和南部建立起日耳曼聚居地，却给幸存的凯尔特人留下了苏格兰、威尔士、德文、康沃尔零星的不毛之地。即便如今凯尔特人和盎格鲁-撒克逊人已经学会相互包容而非互相残杀（如今的北爱尔兰除外），他们依然不愿相信他们共同组建了一个单一国家，并且依旧喜欢这样嘲讽彼此："爱尔兰人总是在奋斗，却不知道自己在为什么而奋斗；威尔士人在星期天求助于上帝（即祷告），并在剩下六天求助于他的邻居；苏格兰人从来不给鞋装橡胶跟，因为他们给的钱不够；英格兰人是自己的造物主，并且只崇拜于自己的造物主。"

凯尔特人也曾反抗过盎格鲁-撒克逊的侵略，其中亚瑟王可谓是比布狄卡更传奇的人物，他在凯尔特英雄榜上排名第二，这位战士（而非国王）在有生之年阻止了盎格鲁-撒克逊人的入侵。吉尼维尔（Guinevere）、圆桌骑士团和邪恶的莫德雷德（Mordred）[①]或许从未出现，但延续了罗马传统和基督信仰的凯尔特人应当比那些侵略者更加文明。罗马人十分嫌弃臭臭的盎格鲁-撒克逊人，因为他们总喜欢在自己的头发上抹烂黄油，并慨叹："闻不到野人味儿的鼻子才是快乐的鼻子！"那时人们甚至不愿提及他们的名字，而只是以"粗鲁者""残暴者"称之。有些人自始至终相信亚瑟王曾在南吉百利建造了他的王宫，那宫殿高耸

---

① 　吉尼维尔是亚瑟王的王后，亚瑟王风闻圆桌骑士兰斯洛特与吉尼维尔关系暧昧，决定东征讨伐兰斯洛特，并把国事交予另一圆桌骑士莫德雷德代理。莫德雷德趁机篡夺王位，还胁迫吉尼维尔与仕成婚，此举激怒亚瑟并爆发了卡姆兰战役。

入云，可以俯瞰萨默塞特山脉和18英亩的军事遗址，他们坚信亚瑟王最终葬于格拉斯顿伯里古老的修道院里。

多年来，入侵者瓜分了英国，将伦敦周边分成东撒克逊、南撒克逊、西撒克逊，即埃塞克斯、萨塞克斯、韦塞克斯。他们想要全部侵占的冲动催生了一段精彩纷呈却难以置信的传说，那个叫诺塞克斯的北撒克逊王国尽管短命，却无疑是英国历史上最旷日持久的戏剧《我们英国人没有性生活》（*No Sex Please, We're British*）的灵感来源。而盎格鲁人的两个分支（北边的叫诺福克，南边的叫萨福克）则定居在东盎格利亚。东盎格利亚有一个国王相当富有，他那长达80英尺的墓船于1939年在萨顿胡出土了，也无怪乎如今整个哈德良长城以南区域以"盎格兰"命名。北边还有麦西亚王国（如今的英格兰中部地区）和诺森布里亚王国（约克郡、诺森伯兰郡、莱克县），而朱特人在遥远的南边画出一块儿地盘，就是今天的肯特郡，凯尔特语意为"敌境"。

英格兰有太多王国，遍地都是起着奇奇怪怪名字的国王，像森伍尔夫（Cenwulf）和切奥伍尔夫（Ceolwulf），艾特尔鲍尔德（Aethelbald）和维格拉夫（Wiglaf），比尔德莱德（Bealdred）和卢德加（Ludeca），可惜寿命都不长，因为他们动不动就互相伤害——手段包括但不限于软禁、弄瞎、关押、弄残等。其中有一位盎格鲁-撒克逊国王鹤立鸡群——韦塞克斯的阿尔弗雷德国王（King Alfred），倒不是因为他的名字更得体，抑或是他的统治长达28年，而是因为他烤焦了面包（所有盎格鲁人都知道怎么做），而且他有办法整治维京人。

盎格鲁–撒克逊的国王都不长寿

维京人和阿尔弗雷德国王

维京人，或者说古斯堪的纳维亚人，他们四处乱窜，在苏格兰、英格兰、爱尔兰、诺曼底和俄罗斯没事就搞搞突袭、抢抢东西、占占地盘，并逐渐安顿下来繁衍生息。公元8世纪80年代，他们来到英格兰，打算效仿盎格鲁–撒克逊人对待罗马的方式，为除了阿尔弗雷德以外的盎格鲁–撒克逊人重演昨天的故事，此举几近成功，因为他们捣毁了除了韦塞克斯以外所有的王国。

传说878年，是阿尔弗雷德竭尽全力想要从维京人手中解救他的王国的晦暗时刻，他被迫藏身森林，带领一小队侍从在萨默塞特的"灌木丛和篱笆墙"中匍匐前行。和他的护卫走散之后，他偶然发现了一个猪圈，在那里他感受到了基督教的慈悲，一对完全不知道他是谁的夫妇收留了他。有一天，农妇正在烤面包，阿尔弗雷德坐在火旁，农妇希望他能帮忙看着点火。但他却始终闷闷不乐，不断寻求自我宽慰，他鼓励自己面对天降苦难时要有约伯[1]一般的耐心，他祈祷圣尼奥[2]可以替他向上帝求情将他的国家从野蛮人手中解救出来，以至于忘记了自己的职责，没给面包翻面，于是面包烤焦了。农妇很生气，痛斥阿尔弗雷德"眼看着面包烤焦了你不翻面，吃刚出炉的面包时你倒是很开心啊"。为将功补过，阿尔弗雷德只得默默地将注意力转回到烤面包上。这个故事的意义不仅仅在于教导我们要谦卑克己，毕竟基督徒国王可不能再彼此伤害或者奴役臣民了；更重要的是，让我们不禁好奇怎么就出现了，罗马的基督教不是已经

---

[1] 《约伯记》中正直善良的富人约伯，在遭受失去子女、财产和健康的打击后，依然保持对上帝的虔诚之心。

[2] 圣尼奥（St. Neot）是一名生于9世纪上半叶的圣人。

阿尔弗霍德国王又开始讲他最爱的烤面包的故事了

被盎格鲁-撒克逊斩草除根，天堂不是已经被瓦尔哈拉神殿①取代了吗？

基督教

基督教曾在盎格鲁-撒克逊的英格兰销声匿迹，但在凯尔特边边沿沿的不毛之地却始终存在。公元5世纪上半叶，基督教仍然坚持播撒着火种。圣博德（St. Patrick，威尔士人或者康沃尔人）发现向爱尔兰人传教比向盎格鲁-撒克逊人传教更容易些，而且他应该也不愿意和如此野蛮的一帮人分享天堂和永生，于是便将传教的热情倾注于爱尔兰。他不仅让这个岛屿摆脱了蛇（如果有的话），还引发了史上最非比寻常的发型战争——削发之役。六七世纪最大的政治争端当数盎格鲁-撒克逊的英格兰到底会臣服于受爱尔兰基督教驯化，把前半个脑袋剃光的凯尔特修道士，还是只刮头顶的罗马天主教僧侣。两方势力几乎同时抵达英格兰。563年，爱尔兰传教士圣高隆（St. Columba）在苏格兰西海岸的爱奥那岛建起一座修道院。他本想让异教徒皮克特人皈依，却没想到凯尔特基督教可以一路高歌猛进到达南边的诺森布里亚王国。而罗马版或者说教宗版的基督教则要从一个小故事说起。教宗额我略一世（Pope Gregory）在罗马的奴隶市场撞见了一群金发碧眼的盎格鲁-撒克逊小朋友，当孩子们告诉教宗他们是盎格鲁人后，他驳斥道："是安吉拉（Angels，意为天使），而不是盎格鲁（Angles）啦！盎格鲁人应当与天使共享天堂。"可见盎格鲁-撒克逊人多么自负，然而毋庸置疑的是，597年，也就是圣高隆去世

---

① 北欧神话中死亡之神奥丁款待阵亡将士英灵的殿堂。

那年，格里高利派坎特伯雷的奥古斯丁①带领四十名僧侣进入南英格兰，将异教徒盎格鲁变成了天主教"天使"。

来自苏格兰的凯尔特修道士和来自肯特的罗马僧侣都取得了巨大的成功，这两段在教堂建制、发型设计以及复活节假期等问题上存在差异的基督教势力很快短兵相接，尤其是在诺森布里亚。最终，欧洲大陆版基督教势力占了上风，并在惠特比宗教大会（664）上宣告胜利。诺森布里亚国王奥斯维（Oswy）十分赞赏来自里彭的圣韦尔法（St. Wilfrıd），后者曾坚称圣高隆不可与圣伯多禄（St. Peter）相提并论，而教宗才是正统。正如奥斯维所言，如果他忤逆教宗，"手握钥匙的他，将不会为我打开天堂的大门"。

奥斯维国王支持圣韦尔法，选用了罗马天主教

---

① 坎特伯雷的奥古斯丁（St. Augustine of Canterbury，俗译为"圣奥古斯丁"），于597年前往英格兰传扬福音。

尽管爱尔兰-凯尔特不得不臣服于罗马，但这两股势力的交汇激发了不列颠史上最丰富多彩的文艺大爆炸。在这次智慧碰撞中涌现出来的诸多名字，其中最值得纪念的当数伯达（Bede，673—735），又称"可敬者"，大概是因为他活到了62岁。他撰写了《英吉利教会史》（*Ecclesiastical History of the English People*），畅销了几千年，他还教会人们在日期前加"BC"（即"Before Christ"，意为"耶稣出生之前"）表示过去，加"AD"（即"Anno Domini"，意为"耶稣出生之后"或者"在我们主的岁月里"）表示现在，这让历史变得简洁明了得多。

法律与秩序

让我们回到阿尔弗雷德和他的面包上。阿尔弗雷德成功地抵抗了维京人的入侵，他以某条从伦敦到北威尔士的罗马公路为界，将维京人和他们的法律划在东南以外，并且只允许他们生活在林肯郡和约克郡的那些名字以"比"（by，古斯堪的纳维亚语意为"村落"）和"索普"（thorp，古斯堪的纳维亚语意为"村庄"）结尾的村里，比如像马克比、小格里姆斯比、塞尔比、伍德索普等地。当他的儿子爱德华（Edward，899—924年在位）和孙子埃塞尔斯坦（Athelstan，924—939年在位）征战完毕时，整个英格兰便统一在了韦塞克斯的统治下。

阿尔弗雷德和他的继承者维护着法律和秩序。阿尔弗雷德首开先河，摆出国王应有的姿态，他梳理王国旧律，并向世人公布道："先祖遗律当被记录并施行，我是说我喜欢的那些。"

阿尔弗雷德和他的继承者们在记录法律的同时，也丰富了

阿尔弗雷德整理旧律，并选出他喜欢的那些

法律。他们灵活应用了《圣经》中的格言"以眼还眼，以牙还
牙"，以遏制日渐扩张升级的帮派斗争与家族仇杀的局面。曾
经，如果一个撒克逊人被人打掉了牙齿，他或他的家人可以向对
方要一颗牙，却不能得寸进尺还把人家眼睛挖出来。盎格鲁-撒克
逊国王发明了财务赔偿制度作为额外补偿，并表示要人家的眼睛
或者牙齿没什么意思，眼睛很快就烂掉了，倒不如要钱，毕竟还

能花。于是有了赔偿金制度，我们也可以称之为"复仇费"或者"伤残赔偿"。如果某人打掉你一颗牙，他要给你6先令，大脚趾10先令，耳朵12先令，眼睛50先令。而命就值钱多了，当然，这取决于你的社会地位，自由人值200先令，贵族值1200先令。一旦支付了赔偿金，受害者得到补偿，国王就会颁布保护令，如果哪一方再滋事就要受到惩罚。众所周知，这一制度在当今审判和保险体系中重获新生并不断晋级，还增添了精神赔偿。经过韦塞克斯国王们的不懈努力，1066年的英格兰成为天底下最肥美待摘的果实，令征服者威廉垂涎欲滴。

威廉公爵与诺曼征服
（1066）

　　阿尔弗雷德将维京人赶出韦塞克斯的时候，一定以为他们此生不复相见，然而他的子孙们却无法摆脱维京人的阴魂。曾经有一个维京国王克努特（Canute，1016—1035年在位）短暂地统治过英格兰，但对英格兰史更重要的是另一个斯堪的纳维亚人——罗洛（Rollo），他在诺曼底（意为"北欧人之地"）定居，并于911年成为诺曼底第一公爵，他还是征服者威廉的曾曾曾祖父。征服者威廉则是"恶魔"罗贝尔①（Robert）和漂亮的法国小妞、皮革匠之女阿莱特（Arlette）的私生子。如果你细心观察，一定会察觉到如今王室的血液里可不只有一点平民血脉。

　　1066年1月5日，"忏悔者"爱德华（Edward，1041—1066年

---

① 罗贝尔一世的名字总是与一个起源于中世纪的"恶魔罗伯特"（Robert the Devil）的传说混淆。

当咸廉公爵看到哈罗德当选英格兰国王时，他暴跳如雷

在位）逝世，韦塞克斯王朝油尽灯枯。爱德华已婚，但骨子里是一个独身主义者，却犯下了身为国王最不该犯下的错误，为后人引以为戒。当被斥责爱忏悔胜过爱老婆时，他总是辩解道："英格兰是上帝的，上帝必将赐王于英格兰。"他们总是如此浮想联翩，到了19世纪甚至还认为上帝是英格兰人。既然如此，智者们聚集在一起选新国王之时，上帝便指派了爱德华的大舅子哈罗德·戈德温森（Horold Godwinson）。可是爱德华的表兄——诺曼底的威廉公爵，也想要继承王位，他怒斥智者们的不法行为，声称他们只能从韦塞克斯家族中选继承人。威廉坚称由于艾玛（Emma）曾嫁给过爱德华的爸爸，因此他是爱德华八竿子打不着的首席表亲，却绝口不提他血管里的韦塞克斯血脉没比哈罗德·戈德温森多多少。

威廉四下传播各种关于哈罗德和盎格鲁–撒克逊的流言，说哈罗德背信弑兄，说盎格鲁–撒克逊人拐卖孕妇，他还拿到教宗的授权，将入侵美化成十字军运动。

威廉带领着一万多名士兵在黑斯廷斯西边的萨塞克斯海岸登陆，咬牙切齿、下定决心要取代"篡位者"哈罗德·戈德温森成为英格兰的正统国王。他上岸时脚底一滑，摔了个狗啃泥——这可不是什么好兆头，然而一位机智的目击者却将其描述为胜利之兆——威廉用双手抓住了英格兰，英格兰必将属于他和他的信徒。1066年10月14日，在盎格鲁–撒克逊史上最著名的战役中，威廉击败了精疲力竭的撒克逊军队。而几天前，哈罗德国王刚在北境战胜了他自己的兄弟——挪威的哈拉尔国王托斯蒂（Tosti）率领的另一股维京势力，随即挥军南下，六天时间行军250英里到达黑斯廷斯。整场战役持续了一天一夜，若不是哈罗德被射伤眼睛而亡，谁胜谁负还真

征服者威廉一把抓住英格兰

不好说。撒克逊士兵溃不成军，四处逃窜，但哈罗德忠实的护卫却坚持护主到最后一刻。一位诺曼编年史作者曾写道："英格兰的军队中，唯一在动的是倒下的死士……他们有钢铁般的意志，这些撒克逊的子孙是最英勇无畏的人。"（事实上这场战争发生在黑斯廷斯以北六英里的巴特尔。威廉在那里建立了巴特尔修道院，高高竖起的祭坛正是哈罗德倒下的地方。如果您喜爱遗址或战场，可以去那儿瞧一瞧。）

哈罗德在黑斯廷斯逝世，但他在北境的胜利助力英格兰归属了法国诺曼，而非维京和斯堪的纳维亚。1066年起，盎格鲁-撒克逊人沦为二等公民，其后的300年间上流社会只讲法语。为了将诺曼征服铭记于心，时至今日，女王在国会上表示赞同时依旧会说"La reyne le veult"（法语，意为"女王恩许"），在国会通过政府资助法案时则表示："La reyne remercie ses bons sujets, accepte leur benevolence et ainsi le veult."（法语，意为"女王感谢尔等，接受其慷慨，并恩准施行"。）

向来得之容易守成难。为了控制新的臣民，威廉将自己从"诺曼公爵"和"征服者威廉"改头换面为"英格兰威廉一世"，并做了三件很有魄力的事：其一，干掉了所有不服他的人（称之为"王之和平"）；其二，将撒克逊人的英格兰瓜分给了他的诺曼爵士（史称"封建制度"）；其三，遍建城堡，显示谁才是老大。

威廉是法律和秩序的忠实信徒，他颁布了一系列法规，其中最重要的决议之一是和他的贵族们瓜分了臣民们的生死权，并从中牟利，他说："任何人不应因过失被杀害或判处绞刑，但应当挖出他的眼珠或割掉他的睾丸，就算向我缴纳足额罚金也不管用。"如此便将生死权分给了国王，其他七零八碎地分给了他的贵族——这或许会使读者们虎躯一震，觉得11世纪的英格兰人可一定要离这些远远的，但这并不是一件容易事，因为在盎格鲁-撒克逊和早期的诺曼法律中并不区分蓄意谋杀和意外死亡。就算你请朋友来家里吃晚饭，他在路上摔下马死了，你也要负责。你会被指控谋杀，因为你的行为使你的朋友"远离生命，接近死亡"，所以，11世纪的英格兰也没什么晚宴。

温莎城堡，诺曼人宣告控制权的方式

封建制度

威廉与他手下的贵族们为了确保英格兰始终虔诚和顺服，所有的小偷、蒙面大盗（其中最著名的是罗宾汉）都已被消灭，威廉和他的亲信们建了一堆又大又丑的城堡，其中最有历史意义的当数伦敦塔和温莎城堡。英格兰王室无数次庆幸他们有如此堡垒高筑的家，可以使他们在每次惹恼贵族或子民时都能缩在里面。他们还有一个"钥匙仪式"，每天晚上伦敦塔都会被锁上，可见英格兰王室多么小心谨真！这个匪夷所思的仪式延续了七百年之久，如果您提前预约的话是可以参观到的。

威廉不仅分割了臣民的肉体，还瓜分了他们的土地。史学家们对封建制度是否源自威廉争论不休，但有一点是大家公认的，他的统治使英格兰的封建制度比欧洲任何国家的都要根深蒂固。封建制是英格兰中世纪的关键词，但这个社会系统又实在难以描述得清楚，有些历史学家甚至质疑到底有没有过封建制度。或许这就是学生们总是将它与"无效系统"①混为一谈的原因。封建制既是一种精神状态，也是一种政治关系，它是连接中世纪社会的纽带。理论上，封建制度是私人间（即领主和他的封臣们）的不成文协议，领主们以土地换取军事、法律或者财政方面的支持，同时有权授予土地使用权、回收忠诚和誓言。即便看起来是私人关系，其目的却是公众化的。它可以形成一个系统可控的体系，将商政精英联合在一起，随时召集起来保卫国家，并且可以施行最简单的法律和秩序。在那样一个除了土地什么都没有的年代，也只能以此雇佣军队、保障安全了。

　　作为以防御为目标而达成协议的私人关系，封建制度宣扬两种特性，即"勇敢"和"忠诚"。即便封臣对领主负有重要的财政和法律责任，骑士首先是一名战士。他们存在的意义在于战斗，于是战争便成为荣誉者的殿堂、勇敢者的舞台。当年威廉公爵的军队在黑斯廷斯冲锋陷阵时就曾高唱《罗兰之歌》，那首歌讲述了英勇无畏的罗兰率领一小队基督徒英雄们抵抗敌人军队的嗜血传说。封臣忠于其主，即承诺效忠、寻求庇佑。"领主和封臣之间只有信念，他们必须信守诺言。"整个社会由此以感性相连，一切对于公共权威（比如邦国）的责任与义务，都应置于对其直属领主的私人信

———————
① 英文为"futile system"，与"feudalism"（封建制）音近。

念之下。而言及忠诚，国王及其品格可要比王冠更有吸引力。

　　自威廉获得韦塞克斯王冠之日起，他便致力于在新领土推行封建制度，并将其融入军事力量和社会价值的建设中。在他统治期间，四分之一的英格兰岛屿属于他和他的政府，我们称之为皇家土地或君主私有。伊丽莎白二世至今仍拥有征服者威廉的部分领土（共计 25 万英亩）。威廉还给教会预留了另外四分之一，然后将剩下的土地分给了 180 名侍从首领或高层贵族（其中有十位可以分得一大半），这些人再将他们的土地下封给效忠他们的次等贵族。整个制度的最底层是骑士和他们的封地，这基本上是能够养活一个骑士和他的侍从们的最小行政单位。如此这般，威廉便可以在需要的时候召集大约五千名骑士组成军队捍卫国家，并使他的臣民始终平和且忠诚。

　　尽管封建制度在理论上没毛病，在实际操作上却有两个显著的弊端：其一，什么也没有落在纸面上，当然那时候也没有律师，于是双方想怎么说就怎么说；其二，一旦发生冲突，往往是那些可以随时指挥自己军队的贵族们占上风。这两大因素导致了英格兰中世纪漫长的血战纷争，其后的四百年里，英格兰国王们都在竭尽所能地利用第一点，规避第二点。

　　我们确实很难站在 21 世纪想象中世纪，不如脑补出这样一个世界：那里没有枪炮，大家都在球场而非战场上解决国际争端、社会矛盾、经济冲突、私人恩怨，谁赢了就听谁的。在这种情况下，社会的首要问题就是要确保这些运动员走出球场后可以文明行事。毕竟我们很难吵赢一个 250 英磅重、身负铠甲的专业运动员。更重要的是如何控制这些运动员的雇主们，他们的运动员可是在保家卫国呢。这些雇主就是大贵族，运动员就是那些在乡村四处闲

诺曼爵士力求英格兰人始终平和且忠诚

逛的铠甲骑士，这就是封建社会的真实图景。那时最重要的政治议题就是如何让封臣们信守诺言、绝对效忠，以及那些高层贵族们可以为国王拔刀相助而非倒戈相向。

骑士精神

骑士精神有那么一点儿意义，但不是很大。它将崇尚勇气、荣耀、忠诚的武士精神（就像哈罗德的侍从誓死捍卫他的遗骸）与崇尚谦逊、虔诚、责任的宗教教义相结合。如果基督徒骑士违背了他的封建誓言，那他就同时背叛了上帝和他的领主，并且赌上了自己永生的灵魂。有一个道理横贯古今，就是如果你不能强迫一个人成为好人，那你就要内化这种压力，让他自己迫使自己成为好人。每个家长都知道，内疚感是训诫孩子最好的方式，对于骑士来说也是一样。英格兰人的理想骑士典型就是彭布罗克伯爵威廉·马歇尔（William Marshal），他曾效忠于四任英王，当他于1219年逝世时，红衣主教兰顿（Langton）曾追悼他说："看哪，这是有史以来最好的骑士……我们皆应以此为鉴……让我们共同为他向上帝祷告……祈求上帝让他被忠贞的下属环绕，这是他应得的。"可见天堂也是一个完美的封建社会，每个人都按等级制度生活，这可真令人感到欣慰。

"末日审判书"
（1086）

秩序很容易被打破，尤其当它与有权建立自己秩序的武装力量的利益发生了冲突时。于是当威廉想要"改良"英格兰的封建制度，而贵族们则认为他霸占了这场游戏里所有的乐趣——通过引进一系列新规让他的下属更加忠诚、让政治的天平向他倾斜。威廉要求王国内的每一个郡选派一个陪审团或者组委会来核查该地的资源，并将结果与他的下属之前汇报给他的分配方式相比对，然后记录在案。"没有一英码土地，甚至，说出来都丢人，没有一头牛或一头猪会落下。"这首悲歌的作者有理由郁闷，由此，政府开始做人口普查和信息收集，英格兰人将威廉的功绩称作"末日审判书"，因为这让他们想起来最后的判决。但他们错了，这不是终点，而是政府审查民众财产的开端。

系统短路

同年（1086），威廉进一步玩阴的，使得整个封建系统短路。他在索尔兹伯里召集了他的高层贵族和他们的下属，以及他们下属的下属，并要求所有人宣誓直接效忠于国王本人。这意味着下属们都有了双重忠诚义务，长此以往，当一个大贵族向国王开战的时候，他的下属有理由不挺他，因为他们现在首先要效忠于国王。

威廉比大多数封建君王都要聪明或者说幸运，因为他还给了他的贵族们最后致命的一击。当他给他们分土地时，他把封地散落全国，而不是集中在一个地方。这样一来，就麾下的骑士数目而言，一个英格兰大佬可能和他海峡对岸的贵族兄弟，比如勃艮第公爵或者佛兰德伯爵一样有权有势，但他无法利用他的军事力量，也没办法刨出一块属于自己的小天地。他们必须时刻观望自己的"士卒"和"王后"，当和国王闹矛盾时只能联合起来，组成

决斗考验

英格兰贵族联盟，毕竟除了贵族头衔他们也没什么可再失去的。这是四代以后，当他们遇到了贪得无厌的约翰王（King John）时想起的答案。

普通法和陪审制度

中世纪的国王们通通贪婪又穷酸，于是他们创造出两种巧妙地赚钱或者说筹钱的方式，其中一个还算合法，另一个显然不算。合法的方式便是公开出售国王的正义——这就意味着，只有有钱人才有公正可言。亨利一世首开先河，让他的正义可以移动。他的子民无须前来伸张正义，他会派他的法官——又称"巡回法官"（itinerant justices），到需要他们的地方。这使国王的法律普适于全国，于是便有了普通法。这一举措提升了国王的权威，为皇家法庭招揽了生意、创造了效益。即便上层贵族抱怨不休，骑士们倒觉得皇威荫蔽，可以让他们免受当地贵族势力——通常是他们直属领主的霸凌。

亨利二世得寸进尺。他发明了陪审团制度解决下属们的财产纠纷。原告可以购买皇家令状，国王便会命令当地吏治召集陪审团裁定遗产争端、非法占有这类案例。这其实是件好事，因为之前即便律师和诉讼制度顺势兴起，大家仍然是通过决斗进行裁决，并相信上帝通常会站在正义的一方。尽管新程序又慢又贵，但教会还是表示支持，因为总是麻烦上帝解决这些法律纠纷怕是不太合适。

陪审制度颇有成效，于是在1166年，亨利决定将其延展到刑事案件。这当然也是对"有理全凭声大"的旧制度的巨大改进。但如果陪审团裁定被告罪名成立，仍需在两种考验之中选择一种，检验被告到底是不是有罪。被告要握住炙热的烙铁或将手放入沸水中一段时间，如果三天后手没有痊愈，便是有罪（无论怎样，这手估计也没啥用了）；或者，将被告扔到水池里，如果水接纳他就是无罪，拒绝就是有罪，也就是说，（理论上）如果浮上来了就是有罪，淹死了就是无罪。还需要再等上百年，陪审制才会取代这种莫名其妙的审判制度，但如果陪审团认定被告无罪，他们通常会赦免考验；而如果陪审团认定被告有罪，即便被告通过了考验，国王也可以将其驱逐。

沸水考验

财政支出升级

上述创意还是挺受欢迎的。除了收税官以外，真正惹了众怒
的是亨利二世和他儿子约翰明显非法的集资手段。每位下属都有
三种方式向领主表达财政支持：（1）如果他不能服兵役，就要缴
纳保护费或者兵役免除税，领主可以用这笔钱请个替身（国王们
也很喜欢兵役免除税，因为他们可以用这笔钱请雇佣兵，而不用
依仗靠不住的封建征兵）；（2）继承封地时，需要缴纳一种名为遗
产税的财产税；（3）当领主有重大开销时，比如领主想要开仗或
者要给女儿添嫁妆时，就要随份子。遗憾的是，这些都不是成文
规定，当政府（一如既往地）加大开销时，英格兰国王通常会升

级财政支出，增加份子钱、保护费或者遗产税。约翰是最贪婪的一个——他爹亨利二世在统治的 35 年间征收了 8 次保护费，而他在 8 年里就征收了 11 次，他宣称的那些战争有些甚至从来没有打响过。贵族们普遍觉得这也太离谱了。

亨利一世的首席司法官——索尔兹伯里的罗杰大主教，发明了一种名为"国库"的方格桌布，用来给英格兰君主记录那些搜刮来的保护费、份子钱。①如此这般，他也启发了一些更重要的东西：官僚们意识到权力不在于武力，而在于金钱，钱才是王道。就像另一个亨利二世的财政大臣所言，君王权力"随他们的财富潮起潮落……钱在和平时期和在战争年代一样不可或缺"。

《大宪章》
（1215）

这种情况下，难怪那些对钱不甚敏感的贵族们会生约翰的气，在他们吐槽约翰的语录中，有这样一句："肮脏的地狱都会嫌约翰更肮脏。"约翰的问题不在于他是个讨厌的人——早些年大多数英格兰国王都符合这个定义——而在于他是骗钱的，根本无法将税收转化成军事胜利。他丢掉了大部分属于他父亲的欧陆帝国（即如今将近一半的法兰西），由此赢得贵族们充满戏谑的昵称"软刀子"。更严重的是，他让自己丢了教籍（这意味着他的下属们无须遵从他们的效忠誓言）；随后他把整个英格兰作为宗教封地献给了教宗，以赢得其支持；最后，他成为英格兰历史上第一个王室坏

---

① 在计算国库收入时，管理人员会在桌子上铺一张印着方格图案的桌布，然后在方格内摆上代表数字的筹码，利用筹码和方格进行计算。

叔叔——传言他谋杀了他的侄子,理应继承王位的"小阿蒂尔"(事实上有 16 岁了)。

约翰和罗马天主教会的矛盾要追溯到他父亲的年代,他爹也和教会不和,并无意间造就了 12 世纪最受欢迎的圣人——坎特伯雷大主教托马斯·贝克特(Thomas Becket)。政教关系向来是件麻烦事,因为上帝和恺撒要分割人类的肉体和灵魂,但谁也说不清楚二者的界限在哪儿。然而,大主教们不仅是关乎灵魂福祉的精神领袖,还是对国王有军事义务的封建领主(坎特伯雷教区需要向国王提供 60 名骑士)。当 1150 年亨利二世任命大法官托马斯·贝克特为坎特伯雷大主教时,矛盾一触即发。托马斯即刻宣称一身无法事二主,他辞退了大法官的职务,并且很极端地认为教会应与政治相独立,不受世俗和王室法律的约束。

这两个骄傲又任性的人,一个誓死捍卫王权,一个拼死维护神权,僵持不下,直到亨利冲动之下问他的贵族们:"就没有谁能替我摆脱这个下贱的牧师吗?"于是,他的几个下属替他排忧解难,暗杀了站在坎特伯雷大教堂高高神坛上的贝克特。这场暗杀实在算不上明智。贝克特打破了晋升为圣人的记录(只有亚西西的方济各比他更快),朝圣者蜂拥而至坎特伯雷的圣地(即乔叟式朝圣者的目的地),并且在短时间内使得政教权力的天平明显倾向神权的一边。所以,当约翰和教宗争论谁该继任坎特伯雷大主教时,他明显气短,并以失败告终。

约翰是个"三路输家"。他输给了教宗,输掉了在法国的领地,也输给了他的贵族们。贵族们终于明白必须将一切落在纸面上——"见约翰的时候最好带张纸"。他们拔剑相逼,让约翰签下了《大宪章》。

在这份著名的文件中，约翰承诺不再做那些让贵族们愤怒的事了，比如加征税收、抢夺财产、肆意逼婚，等等。他也承诺"除非众议院同意"，不再索要份子钱和保护费。

贵族们明白了将一切记录在案的重要性

承诺说来容易做来难，约翰被迫接受由 25 名贵族组成的委员会监督他信守承诺，并同意如果他违背了《大宪章》，整个社会可以"竭力报复"。当然，他真想违背的话，也一定是在刀剑够不着的地方。他甚至得到了教宗（自打他自降为教宗的附庸，便成为教宗的朋友）的赦免，组建起一支对抗贵族们的军队。然而，教宗的祝福并没有什么用，转年，在离诺福克的金斯林不远，他率领一支部队在潮落时穿过潮汐口，结果陷于流沙之中。他不仅丢了行囊,还丢了"这个世界上他最珍视的一切",包括他的王冠。(从此,寻宝者们一直在寻找这顶王冠。)四天后,有可能是因为着凉,他发烧了,再加上吃了太多桃子,喝了不少新酿的苹果酒(每个不列颠小学生都懂得),很快便一命呜呼。难怪没有哪个英格兰国王愿意叫约翰二世。

《大宪章》并没有解决问题,9岁国王的继任倒是比羊皮纸管用,贵族们由此得到满足,政治的天平又重新回到他们的一侧。

9岁国王的继任比牛皮纸更能满足贵族们的要求

但是《大宪章》(现存四份原件,一份保存在林肯大教堂,一份在索尔兹伯里大教堂,还有两份在伦敦的大英图书馆)里有两个很重要的理念:(1)历史习俗和法律法规高于国王意志,如果国王想要改变这些,需要征得民众(首先指贵族)的同意——"没有法律,国王等同于暴君";(2)如果违背法律,民众(首先还是指贵族)有权废黜国王。

国会的起源

亨利三世青史留名,是因为他是英格兰历史上统治时长排名第三的国王(乔治三世在位 60 年,维多利亚在位 64 年),并且在他统治期间诞生了国会。该怎么描述国会呢?这可要谨慎谨慎再谨慎。毋庸置疑,它值得纪念。大家都知道英格兰是代议制政府的故乡,但从历史上看,这是一个完全不可控的过程,并没有人发明国会,它就从石头缝里蹦了出来。国会一词来源于法语"parler",意为说话——因为贵族和国王之间经常有各种讨价还价、争论扯皮,于是它就像地心引力一样野蛮生长。内部人士温斯顿·丘吉尔曾言简意赅地将其描述为"吵来吵去好过打来打去"(Jaw-jaw is better than war-war)。

历史总是相似的,国会的起源也和铜臭相关。约翰的贵族们坚称约翰曾经承诺过,除非召集国会并充分讨论征税的必要性(这不是要向国会寻求许可,但也差不多),否则不会加征保护费或份子钱。后来的国王,尤其是爱德华一世发现,想要"薅封建主义羊毛"又不至于闹出太大动静的最简单办法就是向有钱人——也就是贵族和骑士们——要钱。战争让中世纪君王破产。当爱德华

42

一世发觉他的军队匹年花了 73 万英镑，而他的年收入只有 15 万英镑时，他明白要想不破产，就要找国会。可见从第一天起，国会就既是一个抑制王权的机构，也是一个扩大王权的工具，而且通常国王比贵族用得更加顺手。这样的悖论根植于这个机构的历史背景，也是其有效性的来源。只有强势的君王才能让国会行之有效——他们可以通过国会颁布法令、执行法规、表达正义——所以国会只适用于英格兰，因为 13 世纪的英格兰国王比他们在欧洲大陆的表兄弟们要强大得多。

1265 年，西蒙·德孟福尔（Simon de Montfort）首次召集国会，史上第一次不仅邀请了大贵族和教会里的高级教士，还从每个郡邀请了两名骑士，每个镇邀请了两位市民。显而易见，后者在商贸往来中致富，已经可以为国王的政府效力了。随着时间推移，这些代表们自动分成两拨——上议院和下议院，这个组合实在很妙，因为在欧洲的其他地方，神职人员和乡野匹夫通常会分坐在地主两侧。

西蒙召集国会是为了发起贵族暴动。作为法国男爵和亨利三世的妹夫，他率众起义，反抗臭名昭著、荒淫无度的国王和百无一用的政府。当教宗牵着亨利穿过花园小径，并赐予他的幼子西西里王冠时，贵族们的愤怒达到沸点。因为亨利的这一举动背后还有一系列连锁事件：（1）西西里已经有一位国王；（2）教宗希望英格兰能替他还债；（3）如果亨利不交钱，教宗就要开除他的教籍。这笔买卖真是不划算，它引发了英格兰的经济危机，进而导致 1264 年暴乱。西蒙·德孟福尔肃清政府的时间并不长，15 个月后，他在和亨利的长子、未来的爱德华一世战斗时丧生，但不可否认的是，英格兰的第一次国会，甚至"国会"这个词本身，都是从法国进口并由法国人引进的。这的确不是盎格鲁-撒克逊人乐意记住的事。

三个爱德华
（1272—1377）

英格兰人、苏格兰人和威尔士人缅怀爱德华一世的缘由各有千秋。他是英格兰教科书中封建君主的楷模，但对于英格兰贵族

出离愤怒的贵族拔剑捍卫自己的头衔

们来说可不一定。他们欣赏爱德华的军事铁腕，但也烦恼于他的反复无常，所以所有的事情都必须落在纸面上才靠谱。爱德华曾企图质问（透过权力开示令[①]）——他的贵族们到底凭什么瓜分领地（贵族们对领地享有合法管辖权并可设立法院），导致贵族们勃然大怒，怀疑国王企图剥夺他们的自主权。为此有人打造了一把"仿古钝剑"，嚷道：'看哪，我的国王！这就是我的令状！我的祖先随杂种威廉而来，以此剑征战四方，我也将用这把剑捍卫同一片土地……"爱德华知难而退，但他的下属们没错，文书、律师和官僚体制的时代已经到来。

当苏格兰人回忆爱德华时，会兴高采烈地称其为"苏格兰之锤"，只不过这个锤子没砸着钉子，却砸到了自己的大拇指。15年来，爱德华一直企图驯化高地人，逼迫他们承认他才是这些阴冷潮湿的高山与溪谷的主人，但至死也没有成功。他唯一的胜利就是在1296年从人家手里抢来了苏格兰国王加冕用的司康石（苏格兰人更喜欢称之为命运石，以便和一种凯尔特糕点区别开）。爱德华把石头运到了威斯敏斯特，但觉得坐上去太硬了，就在上面搭了个奢华尊贵的座椅，从此以后国王都坐在上面加冕。654年后，在1950年圣诞节那天，苏格兰人把石头抢了回来，这一壮举惊天动地，毕竟这块石头有458英磅重。他们拒不归还石头，但很搞笑的是却让人知道了他们把石头藏在了哪里，于是英格兰警察找上门把石头"接"了回去。又过了46年，英格兰人终于良心发现，在1996年正式将石头还给苏格兰。现在您要是想瞅瞅这块石头就要去爱丁堡了。至于未来国王加冕时坐什么，我们则要拭目以待。

---

① 即由国王发布的责问某人根据什么行使职权的令状。令状制度是英国普通法历史上的重要制度之一，构成普通法形成与发展的程序基础。

爱德华一世将司康石运回威斯敏斯特

　　威尔士人则只需探出窗外，看看满地都是爱德华建的那些阴森恐怖的城堡（其中最蔚为壮观的当数卡那封城堡、康威城堡和哈勒赫城堡），便会想起爱德华一世曾逼迫他们就范，并将他们并入了英格兰。作为补偿，爱德华承诺将给他们一个威尔士出生的国王。于是便把他那大肚子老婆接到了卡那封，在那里诞下一子，赐封号"威尔士亲王"。自此以后，英格兰国王的长子都会继承这个头衔。对于爱德华的姿态，威尔士人却并不买账，直到16世纪他们还是会念叨着"嗜血三兄弟——跳蚤、佣兵、英国佬"。

令人难过的是爱德华的第一个孩子并没有活下来，第二个和第三个也没有，但是第四个活下来了——这对于英格兰和威尔士来说是个悲伤的故事，但对于苏格兰来说绝对不是。第二个爱德华可谓遗臭万年，他曾率重兵挺进苏格兰，企图完成他父亲的遗志，却在班诺克本战役（1314）中被一支苏格兰小队狠狠挫败，于是其后的四百年里英格兰都没敢再打苏格兰的主意。爱德华可谓众

爱德华二世惨遭谋杀

叛亲离，最终在一场由他 14 岁的儿子爱德华王子、老婆伊莎贝拉（Isabella）及其情夫罗杰·莫蒂默（Roger Mortimer）联合发起的贵族起义中被逼退位。爱德华二世没能在这场宫廷政变中活下来，传说，他被用一种极端残忍的方式杀害……（详见本书第六章"皇家肥皂剧"）

爱德华三世是一位出类拔萃的骑士君主，他以软禁他母亲并处决其情夫开启了自己的职业生涯。如此不孝之举显露出王室生活中不为人知的一面——家庭内部冲突。家庭不和的问题贯穿英格兰皇家史，因为早期统治往往是家庭内部冲突和封建政治矛盾的结合。政府官员往往是国王的私佣或密友——就好像美国国务卿也是总统的贴身男仆，每周六晚上都要陪他打牌一样。而国王的孩子不仅仅是他的继承人，还帮他一起管理国家，除了王室津贴以外也有自己的收入来源——就好像总统的儿子是纽约州州长或者得克萨斯州州长一般。结果，当朝堂上的政治纷争演变为长子谋权篡位，或者国王下封土地却导致倒戈相向时，家庭内部矛盾经常升级为封建政治争端。亨利二世将法国领土分给他的三个儿子时就出现了这样的问题。他们的母亲——阿基坦的埃莉诺（Eleanor），由于被亨利二世的情妇、金发碧眼的罗莎蒙德·克利福德（Rosamond Clifford）挤下了皇榻而怀恨在心，于是挑唆儿子们起兵反抗他们的父亲。直到亨利二世闭眼，也没能解决这场由于家庭仇恨引发的内战。

和亨利二世相比，爱德华三世的家庭关系要好得多。从意气风发到英雄迟暮，他 15 岁时的发妻菲利普（Philippe）始终是他的挚爱，他的六个儿子也一直忠诚。爱德华不仅是好丈夫和好父亲，也是封建标准下的好君王。他英勇善战，颇受拥护，具备成功国王所应具备的特征，到了 14 世纪，政治经济的天平明显偏向国王一侧，同时一些超级贵族开始涌现。

作为典型的封建骑士，爱德华以为与法国开战转移贵族们的注意力是最理所当然之举。于是在 1337 年，他打响了长达一个多世纪的"百年战争"，而在这场战争中长枪短炮取代装甲骑士成为主角。

英格兰人赢了所有具有骑士精神的战役，却在最没有侠义精神的斗争中惨败。这场战争是历史冲突的延伸，要追溯到 1066 年，身为法国公爵、法兰西国王的下属——诺曼底公爵威廉成为英格

大炮比骑士更猛

兰国王。自那时起，所有的英格兰国王都绞尽脑汁企图通过战争或婚姻保住自己的法国领土，而所有的法国国王则都想尽办法从他们的王族下属手中收回法国属地。到了 1338 年，英格兰在法国南部已经失去了除了加斯科涅以外的所有领土，英法关系恶化到英国人叫法国人"癞蛤蟆"（法国人爱吃黏糊糊的青蛙腿），法国人则回敬"真该死"（英国人的口头禅）。英国人在法国节节败退，以至于法国人确信，英国佬不过是只"纸老虎"。

传闻中，战火再起的源头是有一个来路不明的法国贵族号称自己是来自阿图瓦的罗伯特伯爵，献给爱德华一只苍鹭（这是懦夫的象征），暗喻年轻的君主没胆量宣称自己对于法兰西王位的合法继承权，由此点燃战火。自法国的查理四世无嗣而逝，卡佩王朝的宗支就此断绝。爱德华三世的母亲是查理的妹妹，于是爱德华就有了顺位继承权，但法国人突然想起根据《萨利克法》（The Salic Law），女性不得继承法国王位，王位便传给了根正苗红的法国佬、查理的表弟——腓力·瓦卢瓦（Philippe Valois）。两位强势的君主分庭抗礼——其中一个戴着法兰西王冠，而另一个宣称自己有继承权——加上主战派从中挑唆，战争一触即发。到了 1360 年，加来港以及大部分法国南部地区都被英格兰人占领，冲锋陷阵的法国骑士统统被英格兰大弓阻挡在外。随后的二十年里，英格兰的势力逐渐消散，到了理查二世时，英格兰在法国只剩下了加来一块根据地。

欧陆的军事胜利粉饰了迎面而来的死亡威胁。1348 年至 1349年间，黑死病抵达不列颠，首先席卷了韦茅斯——这个如今缤纷绚烂的海滨小镇曾因乔治三世而闻名（医生当年告诉他在这里泡海水澡可以治疗癔症）。这场瘟疫杀伤力极强，先从跳蚤传给老鼠，

英国弓箭手

之后再传给人类，最后在空气中蔓延开来。人口骤降40%，"死亡好似黑烟般弥漫开来，瘟疫面前不分老少、没有美丑"。更令人惶恐的是，它任性得可怕，经常一瞬间席卷某个村庄，却又略过另一个。这种心理蹂躏给人们留下巨大的阴影，除了是上帝的惩罚外，想不出别的解释。随后的两百年里，英国和欧洲大陆盛行死亡崇拜，人们因恐惧而痴迷于死亡，不再对复活抱有幻想，骸骨和骷髅也取代了十字架上的耶稣，成为时下最流行的墓碑图案。

虔诚与进步

人们常说，十年来排山倒海的战争和瘟疫宣告了中世纪宗教欢歌的终结。在黑死病和百年战争之前的两百年里，欧洲各地的基督徒纷纷向教会敞开心扉和钱包，企图将七八世纪那个和上帝讨价还价的宗教信仰转化为内在力量，之前人们会说"如果你让我赢了战争，或者给我的牛治愈了口蹄疫，那我就信你而不信其他的神"，而如今人们会将牺牲的耶稣和受苦受难的殉道者视作道德的楷模。真正的基督徒不会问上帝会为他们带来什么，而会问自己能为上帝做什么。修道院和宗教精英们，至少在理论上致力于展现基督教的爱、祈祷与克己；而高耸入云、俯瞰王宫和贵族城堡的大教堂，则是那个年代精神脉搏的视觉表达。

如果您来英国旅游，一定不能错过掩藏在崎岖的约克郡小路背后的喷泉修道院遗址，或精美绝伦的林肯大教堂、索尔兹伯里大教堂和韦尔斯大教堂，它们高耸入云的楼阁和雕梁画栋的拱顶，让人们不禁抬头仰望，看那精美绝伦的彩色玻璃倾泻而下上帝的荣光。索尔兹伯里大教堂是不列颠最高贵典雅的建筑，但总是挤

乐观积极地信仰上帝和自己的中世纪文化

满了被索要维修费的游客。与之相较，还是林肯大教堂更让人精神愉悦，它偏安一隅，可以远离成群结队的参观者。

主教座堂是那个年代宗教信仰革新的体现，也是政治经济进步的证明。要想为上帝树碑，或者捐赠修道院，英国（乃至整个欧洲）首先要从经济上的自给自足转变为产能过剩，才能养得起日益增长的人口和越发繁复的文明。1066年，有将近两百万人住在英格兰；到了黑死病暴发那年（1348），这个数字激增两倍，甚至三倍。同时，书面记录盛行，人们有了法律合同，不再需要全凭口说或者拔剑来履行合约或保护财产。税负也越来越重，因为相信大家有钱供养那些想要改造社会的皇室和文职官员。越来越多的历史文献也佐证了组织管理的变革和社会的稳定发展。到了13世纪，英格兰国王创造了太多令状、担保、传票、布告之类的文书作品，以至于需要好好数数政府买了多少蜡来封印这些文件。正如某历史学家所说，"从亨利三世成年到去世"的46年间，"封蜡的用量翻了10倍"。可见尽管管理的时代还没有瓜熟蒂落，也已初具雏形。

随着阅读、书写和理性思考对于社会的正常运转越发重要，人们对于教育的需求也快速增长。牛津大学在1100年前后建成；两代以后，一帮不合群的牛津人又组建了剑桥大学；而到了13世纪，已经有几百所教堂和私立学校教大家读写和思考。更有意义的是，尽管拉丁语和法语依然是官方文字（统治阶级的语言），但英语逐渐成为主导语言。到14世纪末，现代人完全不能理解的盎格鲁－撒克逊英语逐渐演变成了好懂一点的乔叟式英语，而正是在杰弗里·乔叟（首位葬在威斯敏斯特大教堂的作家）的文字里，我们看到中世纪晚期充溢着死亡恐惧、异教邪说、经济衰退、政治纷争、社会动荡，对于这些问题，无论是人是神都没有答案。

关于国王去世的悲惨故事
（1377—1485）

1377年，爱德华三世去世后，英格兰历史便被错综复杂的宗族关系搅得一塌糊涂。对于这段历史，专业的史学研究者有着和威廉·莎士比亚的那些戏剧故事不一样的观点。理查二世有一个爸爸以及一帮叔叔，他爸爸就是以盔甲颜色闻名的"黑太子"，在他继承王位前一年不幸离世。

年方十岁的理查统治着一个在战败和高死亡率中踉跄前行的王国。更糟糕的是，他要面对一群过于强大的势力——大多是他

黑饰"黑太子"是爱德华三世时期最重要的职责

的叔叔和他们不安生的孩子——那些人在他年幼时越俎代庖，在他成年时指手画脚，还企图抢走他的王冠。莎士比亚创作的经典历史剧《理查二世》聚焦于最后的贵族动乱，理查坐在地上，讲述着"国王之死的悲惨故事"，却忽略了年轻君主早年的丰功伟绩，尤其是在农民起义中扮演的角色。

农民起义是在提醒史学家他们忘记了农民阶级——尴尬的是，大约80%的人口都属于这个阶级，其余20%大多是工匠和商人，而史学家们往往只记录剩下的1%——也就是统治阶级，或者说那些致力于留下文献资料并制造政治噪音的四千人。然而1381年，一帮"不洗澡的人"突然引起了大家的注意。（"不洗澡"其实用

英格兰农民画像

词不当，因为当时只有僧侣和国王偶尔洗澡——要知道约翰王有洁癖，他在1209年1月29日到1210年5月26日期间洗了23次澡，每次5便士。）从5月底到6月的一个月间，农民们烧杀抢夺，宣泄着他们的愤慨。黑死病导致农村劳动力骤减，进而推高农民工资——这种情况通常有利于农民，却不利于地主。所以，地主阶级游说国会出台了一系列劳工法令（1351年及其后），冻结了工资涨幅，并且禁止工人为了更高的报酬离开工作地。随后国会还以贫富均等的名义将人头税增加到每人一先令，把战败法国的花销转嫁到了穷人身上。

　　穷苦民众察觉到富裕阶级企图利用国会为自己谋私利，由此导致了英格兰历史上第一次也是唯一一次全国范围内的农民起义。他们焚烧了修道院，抢劫了庄园，鲜血洒满伦敦的大街小巷，140个人头落地，其中大多是外国商人和律师，但也包括坎特伯雷大

伦敦街头充满暴力

主教和国王的财政官罗伯特·黑尔斯（Robert Hales）。

危急关头，整个法庭躲进了伦敦塔，十四岁的理查挺身而出，与起义军谈判。他们的领袖瓦特·泰勒（Wat Tyler）掏出匕首胁迫国王，却在虚张声势中被砍倒。出离愤怒的农民们转而攻击政府方的谈判代表，直到理查驱马来到他们面前，表明自己可以成为他们的新领袖，并应许了他们的诸多要求。他承诺废除农奴制（一种已经灭绝了的社会制度，将农民束缚在土地上，并规定必须付出相应的劳动），并撤销人头税（想必也收不上来了）。他也愿意探讨向穷人们敞开所谓"大同社会"的大门。人们欣喜而去，而退回伦敦塔的理查和他的政府却如释重负，打算出尔反尔。就像理查自己说的那样："他们生来下贱，理应受压迫。"时间的流逝和经济的发展会证明这位年轻的国王判断有误，但直到500年以后，那些被遗忘的80%人口才真正在"大同社会"占有一席之地。至于人头税，在1990年首相玛格丽特·撒切尔灵光一现之前，没人敢再轻易尝试，尽管撒切尔没有像罗伯特·黑尔斯一样丢了脑袋，却丢了饭碗。

理查二世并不是莎士比亚妙笔之下又蠢又笨的神经质。历史上的理查深受宪政之谜的荼毒，即封建君主到底受不受制约——这个难题自约翰王和大宪章时代起便困扰了数代君王。13世纪的英国法学家亨利·德·布雷克顿（Henry de Bracton）曾做出如下解读——"国王不应服从于任何人，但应受制于上帝和法律。"在这个理论之下，大贵族们有足够的空间按照他们的意愿解读上帝和法律，而君主往往坚持他们才应是真正的主宰。像所有成功的封建君王一样，理查也希望自己才是真正的主人——但是他做过头了，竟然声称"法律在他口中"，只有他可以为这个国家制定法律。当他非法扣押了他堂弟——兰开斯特公爵亨利·博林布罗克（Henry Bolingbroke）的遗产时，贵族们奋起反抗，因为他们深感自己的财产权和继承权受到了威胁。就像莎士比亚笔下约翰公爵警告理查所言，当他侵犯了博林布罗克的继承权时，"汝即为英格兰地主，而非国王。"

面对全副武装的贵族，理查首先被迫退位，然后被谋杀，继而由亨利·博林布罗克取而代之。导致随后 90 年间，王位继承权仿若公开招标，而举牌者正是爱德华三世的众多子嗣。

新王亨利四世在垂死之际提出了每个人心中都有的疑惑："只有上帝知道我凭什么摘得王冠。"答案当然是靠武力啦。自理查退位，英格兰历史彻底崩塌，变得越发暴力和混乱，只有那些能将莎士比亚创作的经典历史剧《亨利四世》（第一部分和第二部分）和《亨利六世》里多如牛毛的名字捋清楚的人才搞得明白怎么回事，这些故事如一团乱麻，以至于我们的游吟诗人用了三大篇章才写明白。国王们颠三倒四，拥王者来去匆匆，大家不停地更换头衔，交战双方必须选择不同颜色的玫瑰来区分彼此，最后竟然有国王愿意用他的王国交换一匹战马。这画面太美不敢看！

有一件事尤其令人难忘，即为"哈里、英格兰和圣乔治"而战的阿金库尔战役（1415）。亨利五世是英格兰的"模范国王"，他重温百年战争，以打消他的父亲对于其合法继承权的质疑。他在别人的地盘上作战，以转移自己家那群不服管的贵族们的注意力，而当英军以八千兵力面对法国五万大军时，他向上帝祷告，保佑英格兰取胜。上帝非常乐于助人，这场战役带走了法兰西三位公爵、一位王室统帅、八位伯爵、一千五百名骑士和四五千名

并不美好的画面

士兵，而英方仅损失了一位公爵、一位伯爵、七名骑士和三百名士兵。法国人吓尿了，亨利借此要求签署停战协议，以自己作为法兰西摄政王的名义迎娶了法国国王的女儿凯瑟琳·瓦卢瓦（Catherine Valois），并且享有法国王位继承权。然而，亨利却在巅峰时刻撒手人寰，只能由他的兄弟们为他那仅有九个月大的儿子捍卫英法继承权，这可是英格兰君主直到18世纪都未曾放弃的权益。

亨利六世的统治展现出一个道理：那些从出生起即被教导该如何继承王位的人，真正上位时通常表现很糟；而那些尚在襁褓时就登上王位的人，通常表现更糟。成功的英格兰君主往往是次子（女）、表亲、篡位者，或后两者的集合。这正是第六章"皇家肥皂剧"的主题。

九个月大的亨利六世拿到了他的王冠

即位时还裹着尿布的亨利六世接替了有失心疯的法国国王，而他的政府在 15 年来一直缺少主心骨，也就难怪他会成长为一个无论在精神还是肉体上都软弱无能的 15 世纪君主。他根本没有"做国王的男子汉气概"，所以也不能怪他丢了法国王位。一旦法国起义反抗，英国无论在人力、物力还是政治实力上都完全无法掌控这个人口是它三倍大的国家。到 1437 年亨利成年之际，整个王国成了"脱缰的野马"。没有一个强大有力、知人善任、受人尊重的君王，政府变得腐败肮脏，贵族们割据出一个个半独立的军政集团（又称"联盟"），将传统的封建忠贞思想转变成金钱至上的混蛋封建主义。

大贵族们——通常是亨利的表亲——纷纷组建起私人军队，以军事力量干预正义，胁迫法官，进而在朝堂乡野排除异党。最后，纷争不断的各大联盟不再动口，而转为动手。两大政团对立的局面形成：其中一支是兰开斯特家族（他们的标志是红玫瑰）传承自冈特的约翰、爱德华三世的第四子，代表者为蠢笨的亨利六世和他的悍妻玛格丽特，他们只教会了他们的儿子"杀人和打仗"；而另一支是约克家族（他们的标志是白玫瑰），代表者是自称传承自爱德华三世第三子和第五子的约克公爵。

最终，约克家族获胜。亨利六世惨死于伦敦塔，他的儿子在战场丧命，他的老婆被遣返法国，但爱德华三世还有很多子嗣，个个宣称自己身体里流着金雀花的血。第一任约克国王爱德华四世的风头则被他的兄弟抢了去，那位人又坏、戏又多的格洛斯特的理查德公爵，就是臭名昭著的坏叔叔——"驼背王理查"。理查三世到底是驼背还是邪恶我们不得而知，胜者为王败者寇，历史偶尔也会有失偏颇。事实上，理查是那个暴力年代的产物，正如莎士比亚

历史上最坏的叔叔——理查三世

所言:"戴王冠的脑袋躺不安稳。"1483年,爱德华四世突然离世,留下了五个女儿和两个儿子——12岁的爱德华五世(1483年4月9日至7月6日在位)和10岁的小理查。而爱德华的弟弟理查成为了护国公。从护国公到国王只需向前一小步,6月22日,他宣称小爱德华和他弟弟是私生子,并于两周后亲自继承王位。一年之内,两个孩子都很配合地消失了。190年后,人们在伦敦塔某个楼梯间的箱子里找到了他们的骸骨,看起来像是被谋杀而死,而人们认定理查就是罪魁祸首。不管凶手到底是谁,两位王子的死显现出政治体制的不足,谋杀是干掉不太管用的君王的唯一手段,管他是政局动荡的爱德华二世、肩不能扛的理查二世、蠢笨透顶的亨利四世,还是稚气未脱的爱德华五世。

即便以15世纪的标准来看,公然谋权篡位依然是不能接受的行为。有太多金雀花家族的后裔争相抢夺王冠,其中最强劲的选手是兰开斯特战队的里士满伯爵亨利·都铎(Henry Tudor)。当里士满发现理查无法建立一个强有力的政权后,他兵行险招,冲刺王冠。1485年8月22日,约克王朝气绝于博斯沃思平原。关键时刻,几员大将倒戈,理查在捍卫王冠中丧生,亨利·都铎捡起了掉在地上的王冠,戴在了自己的头上。86年间,英格兰已历经八代君王,在1485年没人会当真认为约克家族和兰卡斯特家族的斗争(玫瑰战争)已经结束,或者说,这位新的篡位者在24年后去世时依旧是英格兰国王。

第四章
更值得铭记的历史
(1485—1964)

　　曾经，历史要简洁明了、积极向上得多。19世纪的历史学家们习惯将亨利七世称为第一任所谓的"新君王"。他在博斯沃思平原打败理查三世，宣告了中世纪的终结和现代社会的开始，人们不再沉浸在辉煌灿烂的古希腊、古罗马文明和更辉煌灿烂的现代社会中那些晦暗的岁月里，开始拥抱资本、宪政、专业、民主和科技。而如今，历史学家们不再用战争和朝代分割历史，或用年代表将其割裂。基于玫瑰战争和大量的人力物力损耗，他们倾向于将第一任都铎国王也当作中世纪君主，却认为在他24年的统治中，人口、经济、社会都发生着潜移默化的改变，这往往让读者晕头转向。

　　简单来讲，从1485年左右开始，英格兰人有了更多的性生活，虽然没有证据表明穷人更穷了，但显然富人更富了。14世纪后半叶以来，人口锐减了三分之一甚至二分之一，但在1480到1490年间的经济刺激下开始触底反弹，随后急速增长，到1600年已经有了200万至400万人口。那些在黑死病中幸存下来的人们有了前所未有的经济改善，他们有了更多的食物和土地、更胖的新生儿和更高的工资。受劳动力短缺困扰的地主们开始从劳动密集型农业转到养羊，毕竟雇佣一个工人就能看一群羊。羊咩咩叫着满地乱跑，全欧洲都想要英格兰的羊毛和羊绒制品，由此给英格兰带来了史无前例的经济繁荣，诚如人们所言："我永远感谢上帝，是羊让我拥有了一切。"经济繁荣反过来开始动摇中世纪的生产贸易机制，曾经的制度为保护消费者进行统一定价，而不是根据市场或竞争进行调节。最终，竞争关系、通货膨胀和社会流动共同孵化出整个社会最恐惧的东西：改变。新名字、新血统、新方式侵蚀了中世纪的肌理。在阿普斯利·吉斯①（Apsley Guise）的村落，1275年时每个农民都享有15英亩土地。而到了1542年，其中四个勤劳又幸运的家庭将他们的种植面积提升到了60英亩以上；有三个家庭保留了原来的15英亩；而剩下的人都卖了土地，搬到了繁华的伦敦。伦敦的人口在一个世纪里激增了四倍，从1500年的5万人涨到了20万人。

第一任都铎国王亨利七世
（1485—1509）

第一任都铎国王可能不是历史意义上的新君主，却是新时代

---

① 英格兰贝德福德郡西部的一个民政教区。

的受益者。他的保险箱塞得满满的，他的王位坐得稳稳的。然而，亨利七世有非常复杂的宗族血统（详见第301页图表）。同亨利四世及其后裔一样，他也传承自爱德华三世的儿子——兰开斯特公爵冈特的约翰，1485年时他是兰开斯特系唯一的王位竞选人。不幸的是，亨利七世的王室血脉来得不正宗，他的高外祖母是冈特的情妇。更糟糕的是，尽管这一脉得到承认，却被国会否决了王位继承权。他的父系血统也疑点重重。他的父亲是亨利五世的遗孀凯瑟琳和威尔士裁缝欧文·都铎（Owen Tudor）的结晶，但是否是婚生还有待证明。于是亨利很机智地宣称自己赢了战争，是根据上帝的旨意继承王位的。

大概是基于律师们的建议（律师文凭很快成为从政的入场券），亨利即位之日起，就宣称他的统治早在博斯沃思战役之前就开始了，所有为理查的王冠而战的人都是叛国贼，他们的财产理应悉数没收。上述莫名其妙的法律制裁，加上迎娶爱德华四世的长女，以及两年后对约克党余孽的肃清，让亨利坐稳了王位，不再受到血统的质疑，却没能带给他广泛的群众支持。他的子民们盛赞他财政宽裕，却很难欣赏一个无论在财政还是法律上都事无巨细的国王，"没人能占得了他的便宜"。亨利过分依赖于律师，与中世纪骑士风格格格不入，所以他的儿子亨利八世即位后的第一件事就是处决了两个最鸡贼的律师——恩普森（Empson）和达德利（Dudley），就像经过三代人以后莎士比亚建议的"干掉所有律师"那样，这可是那时新王的流行动作。

亨利八世重整河山

（1509—1547）

　　1509 年，亨利七世去世，留下了几百年来最安稳富裕、生机勃勃的王国。我们不好评说这份成绩里有多少是他的功劳，但这的确发生在他的任内，所以他有权享有这份荣光。他还留下了一个体格健硕、无可指摘的儿子（融合了约克和兰开斯特血脉）。这个儿子性欲旺盛，却没能力传下一名男裔，由此将英格兰拖入了翻天覆地的政治宗教危机。（详见第 302 页图表）

　　四个半世纪以来，亨利八世狂放的婚姻史和他独特的解决方式——他休了或者杀了六个老婆中的四个——始终让人浮想联

一次被忽视的勇敢举动：国王的谏士巧妙地提醒亨利八世他已经结了五次婚了

翻。更重要的是，当他打算摆脱他的第一任妻子阿拉贡的凯瑟琳，迎娶他的情妇安妮·博林（Anne Boleyn）时，他将性与政治混为一谈，制造出了意想不到的可怕结果。过去以罗马为中心的教会体系被推翻，整个王国开始信仰新教，一个新的民族国家建立起来，每个公民都有了不可分割的忠诚。表面上看，1527年的问题似乎很容易解决。36岁的亨利有一个合法的女儿——玛丽公主，一个私生的儿子——里士满公爵亨利·菲茨罗伊（Henry Fitzroy），还有一个年长他五岁半、再也无法为他生儿育女的西班牙妻子。同样重要的是，他还深爱着一个年轻明媚的姑娘，那个姑娘如果不能成为他的王后就拒绝和他上床。如果他什么也不做，不仅不能享受到安妮带来的快乐，还会让整个王国缺少一位合法的男性继承人，一旦亨利去世，支持合法女儿和私生儿子的两股势力便会为王冠而争斗，使整个王国陷入内战。

亨利想要休妻，于是找他的好朋友教宗帮忙认定他和凯瑟琳的婚姻从一开始就是非法的，因为凯瑟琳曾嫁给过他已逝的哥哥。他说就算是教宗的恩准也不能赦免《圣经》里面禁止的结合。亨利以为自己不会遇到任何阻力。毕竟五年前，他还是罗马的坚定拥趸者，教宗赐予了他"信仰卫士"的头衔，时至今日，英国君主依旧引以为傲。不幸的是，亨利没有考虑到他妻子家族的颜面或者国际势力的权衡。凯瑟琳的侄子可是神圣罗马帝国皇帝查理五世，他是欧洲最有权势的君主，掌握着意大利的生死和教宗的抉择。教宗克莱孟七世（Pope Clement VII）左右为难，提出将玛丽公主嫁给他同父异母的哥哥，或者将亨利和安妮的孩子合法化，但就是不能废除他和凯瑟琳的婚约。

亨利展现出非凡的耐力，他在与安妮调情和与教宗勾兑中徘徊了五年。但在1532年秋，事态加速发展。安妮终于松口，12月便怀上了宝宝，1月25日就和国王秘密完婚。亨利只有七个月的时间来避免重婚罪，并且让他的子嗣合法化。为了实现这一目的，他哄骗国会通过法案规定坎特伯雷大主教的教廷为本土最高教廷，不向任何人申诉，这便阻挡了凯瑟琳向罗马申诉的可能。5月，大主教托马斯·克兰麦（Thomas Cranmer）宣告国王与凯瑟琳的婚姻无效。6月1日，安妮加冕为女王；9月7日，让亨利出离愤怒、让占星师垂头丧气，却让整个天主教世界欢欣鼓舞的是，新的继承人出乎意料地不是一名男孩，而是伊丽莎白·都铎。更具讽刺意味的是，教宗在孩子出生那天开除了亨利的教籍。

亨利赌上自己的灵魂，与整个基督教世界反目，却又换来一个没用的闺女，让继承问题变得越发复杂。

然而，国王拒不妥协。1534年3月，国会通过了具有历史意义的《王位继承法》，永久性地打破了中世纪政治与宗教、灵魂与肉体的二元化权力体系。这是有史以来第一次世俗机构可以裁定宗教戒律，同时国会宣称凯瑟琳的婚姻"违背神的旨意"，国王与"最亲爱的王后安妮"的婚姻才是"毋庸置疑的完美婚姻"。11月，《至尊法案》宣布亨利为"英格兰教会最高领袖"，旧的教会体制宣告终结。

新政体逐渐成形，不再允许有其他的思想或行为，《王位继承法》要求每位公民"没有诡计、欺诈或其他不正当手段"，"要支持、捍卫这个决议的所有内容和影响，以及国会颁布的其他法令"。由此便有了忠诚宣言。这是西欧历史上第一次政府直抵公民的灵魂，要求社会意志的统一。亨利与安妮的婚姻变得名正言顺。如此一来，在经历了与罗马决裂、国王和国会为上帝代言、

亨利八世瞅着又一个没用的女儿——伊丽莎白公主

亨利自己出任英格兰教会的最高领袖之后，亨利拥有了婚姻许可及其理论基础。

就在这时，亨利的前大法官、《乌托邦》（*Utopia*）的作者、英国历史上最杰出的人类学家——托马斯·莫尔爵士站出来和这一切划清了界限，他拒绝宣誓。他说他从未"做过坏事"，也未曾"动过坏心"，他希望"所有人幸福"，"如果这都不能让一个人真诚地活着，那他宁愿去死"。一年之后他得偿所愿，在塔丘受处决。当他爬上绞刑架时，高喊出了历史上最恶作剧的玩笑："我向你祈祷，我向你祈祷，中尉先生，请让我安然上天，至于如何下来我已做好安排。"（他的墓碑位于切恩道上的切尔西老教堂，那附近有一

亨利八世掠夺修道院

尊莫尔坐着的黑铜雕像，他的双手、脸颊和勋章都涂成了扎眼的金色。）

指导亨利时期政治宗教改革的当然不是国王本人，毕竟他还要忙着早期君主们最擅长的事情——打仗（通常是跟法国和苏格兰）跟生孩子，指挥家是托马斯·克伦威尔，这位铁匠的儿子在1535年成为亨利的副主教之前有过丰富多彩的人生，他曾在法国当兵，在意大利开银行，在伦敦做律师。正是克伦威尔一眼瞄到推倒修道院、没收土地可以为亨利带来两百万英镑的财产——这可是法国和俄国革命以前最大的国有资产——足以使他成为全欧洲最富有的君主。

克伦威尔还引进了统计学和人口普查，他要求每个教区牧师将生老病死记录在案。于是神职人员曾经的精神职责变成了国家强制要求的世俗规则，因为数据即是力量，是税收和控制的力量。

为了使他的婚姻合法化，亨利和那些把教宗当作巴比伦大淫妇的宗教改革者结盟。尽管国王自己没有成为新教徒，但当安妮的第二个孩子流产的时候——足以证明她违背了"风雨同舟，患难与共"的婚誓——亨利伪造通奸罪处决了安妮，并迎娶了等候已久的另外一位姑娘，这个姑娘信仰新教。简·西摩（Jane Seymour）在产子没多久后便离世，但她确实满足了丈夫苦心求子的心愿。亨利请来了一群信仰新教的人文老师教导爱德华王子。结果，亨利的新教会被三个继承人的宗教信仰搞得精神分裂：爱德华虔诚地信仰新教，玛丽同样虔诚地信仰天主教，而伊丽莎白游走在两极中间。

教宗被当作巴比伦大淫妇

小都铎们

（1547—1558）

　　爱德华和玛丽的统治不幸地证明好心不一定有好报。亨利在1547 年去世时，爱德华 9 岁，他的舅舅爱德华·西摩主政，担任护国公。西摩很傻很天真，他以为有好心就能管理好一个国家。但他掌管的朝堂充盈着不择手段的地主和激进的宗教改革者。结果当然是明目张胆地贪污腐败、阳奉阴违、明争暗斗和宗教暴乱。大街小巷里，关于信仰的争执此起彼伏。信仰究竟是如天主教教徒所坚持的，将圣餐中的面包和红酒当作救世主血与肉的奇妙显灵，还是如新教教徒坚持的，只是一种除了心灵交流外没有特别变化的纪念仪式？

护国公仅仅当政两年，随即诺森伯兰公爵约翰·达德利（John Dudley）发动宫廷政变将其逮捕、罢免，还捏造了叛国罪将其处决。那时诺森伯兰和新教徒勾结（出于政治原因，而非宗教原因，因为新教徒支持将教会土地出售给公爵和他的小伙伴们）。然而三年后，爱德华命不久矣，诺森伯兰企图保住自己的政治命脉，阻止信仰天主教的玛丽登基，便（如爱德华所愿）安排亨利八世的甥外孙女——虔诚的新教徒简·格雷（Jane Grey）继位，当然最重要的是，简·格雷是他的儿媳。简·格雷短短9天的统治足以证明，新教不得人心，尤其是那些政客的心，绝大多数人还是希望王位能像亨利遗嘱那般传承：先是爱德华，然后是玛丽，最后是伊丽莎白。

玛丽没比她弟弟强到哪儿去。她企图让时间倒流回黄金年代，那时她母亲是无可非议的王后，他父亲是虔诚的罗马信徒。她希望偏离正轨的国家可以重回天主教的怀抱，她可以嫁给菲利普——她的哈布斯堡表弟、未来的西班牙国王，也是强大的查理五世的儿子（详见第303页图表）。玛丽得偿所愿，却坏了自己的好名声。她的婚姻没留下子嗣，只带来悲伤，28岁的菲利普曾评价他38岁的妻子"是一杯上帝才喝得下去的茶"。这场婚姻还使英国再一次卷入与法国的战争。玛丽顺从了她的丈夫，却忤逆了整个朝堂，结果使英格兰蒙羞，也使英格兰丢掉了欧洲大陆最后一块根据地——法国港口加来。

废除《至尊法案》、与罗马修好、恢复天主教——玛丽抹掉宗教改革的痕迹，却无法重建一个忠诚友爱、宗教统一的理想王国。她觉得包容是对异教徒的纵容，而异教徒就是暴力的源泉。由此，她决定采取火刑，希望包括克兰麦在内的新教领袖惨死的景象可

菲利普喜得妻子的死讯

以以儆效尤。然而事与愿违，这一举动催生出更多殉道士，他们拥抱火焰，不畏死亡。点火容易灭火难，玛丽统治的最后几年里，有 288 个异教徒被判死刑，大多数是商人、纺织工或者农民工，其中 51 人是妇女。

玛丽企图用火焰净化她的王国，却只给她带来了"血腥玛丽"的诨名。她去世时，所有的美梦都化为梦魇，她的子民们鸣钟放炮，满怀欣喜地期盼亨利八世的最后一个孩子——伊丽莎白公主，会好过她的姐姐。

伊丽莎白一世，始料未及的惊喜
（1558—1603）

伊丽莎白的成功在历史上无与匹敌，更特别的是，1558 年 11 月 17 日她登基时所有人都以为这将会是一场灾难。即便是她最忠诚的大臣、伺候了她 40 年的威廉·塞西尔（William Cecil）爵士都曾预言："结局终将是可怕的。"乳臭未干的女王从她姐姐手里继承了一个破产的政府和一场失败的战争；她的王国被宗教纷争撕扯，正濒临内战的边缘。更糟糕的是，伊丽莎白性别不占优势，没人会对一个姑娘有所期待，毕竟 16 世纪男性赋予女性的词汇就是"背信弃义、贪得无厌、反复无常、满口谎言、絮絮叨叨、哭哭啼啼"，总是"想做主而不是被做主"。

她优柔寡断、喜怒无常、虚荣自负，谁会相信这样一个姑娘会成为那个时代的传奇？弗朗西斯·沃尔辛厄姆[①]曾给出那个时

---

① 弗朗西斯·沃尔辛厄姆（Francis Walsingham，1532—1592），英格兰政治家，曾任伊丽莎白一世的首席秘书。他建立的间谍网对伊丽莎白的执政起到了极为关键的作用。

代解释"弱者"（仅仅是女性）成功时所能想到的唯一答案："这是上帝赐予的不为人知的奇迹，我不认为殿下自己贡献过什么。"伊丽莎白的确是一位在宗教、外交、时机等方面都无比幸运的女王。最幸运的是，在她统治的45年里诞生了史上极为伟大的智者们——莎士比亚、斯宾塞、马洛、雷利、哈维、培根，发生了整个世纪最重要的事——德雷克环游世界，打败西班牙无敌舰队，在北美建立起第一个英国殖民地。

宗教方面，天主教输给了新教。作为安妮·博林的女儿，伊丽莎白只能重启新教，再度脱离罗马。她的宗教决议让大家不满，也并没有解决问题。那不过是爱德华六世宗教配方的和稀泥版本，而且为天主教设下更多的陷阱，但幸运的是，她在含糊其词和理解偏差中找到了平衡点，不至于把人逼得跳脚。即便每一个玛丽时代的天主教主教都退位了，但他们没有做任何抗争，而9000名教区牧师中，只有189人拒绝服从她的决议。后来被称为宗教纯粹主义者或者清教徒的一方，也心不甘情不愿地接纳了她的政策，他们期盼继承危机结束后，女王会肃清教会里的腐败势力。但他们打错了如意算盘，伊丽莎白觉得她的教会好着呢，相反她的统治是一场漫长的清教徒清洗运动，因为这些人企图动摇她的王位，甚至是她的神旨、她的权威。

伊丽莎白是那个时代的宠儿，她坦然地接受了上帝赋予的王权，毕竟在16世纪（以及之前的所有岁月里），一切权威——父辈之于家族，长官之于郡县，牧师之于民众，君主之于王国——通通来源于上帝。都铎王朝可不是政治制度、社会分支、经济活动的简单集合，而是由一群顺从友爱、思想端正的民众组成的有机体，这些人至少从理论上讲应当遵循基督教的和谐统一。我们

威廉·塞西尔爵士曾预言"结局终将是可怕的"

常用"身体政治"描述那个年代——君王是首脑，贵族是五官，其他人则是四肢。当下议院逾矩规劝女王做她一直抵触的三件事——把自己嫁出去，选个继承人，以及把教会改成清教式——的时候，女王毫不犹豫、义正词严地告诫议员们"怪物才会用脚指挥头呢"，"没有国王能受得了此等荒谬事"。（包括伊丽莎白在内的贵族们说话都很爷们儿。）

伊丽莎白当然不是一个人在战斗。她通过由不到 500 名行政官员组成的枢密院直接管理，同时通过由 1750 名无偿聘用的太平绅士组成的国会间接管理。国王与国会这一组合被看作是"绝对的最高权威"，因为"从王室到平民……每个英国人（请注意，不是英国女人）都应在此得到代表"（男权倾向超乎想象）。国会只为统治阶级代言，而这些人只是全国四百万人口中的五千到一万人，但那个年代也考虑到了国家政治的福祉。一个没有有效武装的国家承受不起经济和社会的混乱，因为这会引发政治叛乱。都铎王朝认为，要是人们吃得饱饱的、孩子长得胖胖的、大家都有活儿干，底层民众就会乖巧顺从。

伊丽莎白政府徒劳无益地施行着仁爱的家长派政策。《工匠法》企图规范劳工环境，设定工资工时，缓解劳资关系；《济贫法》则针对失业者，给穷人补助，控制物价，使大家不致因粮食短缺、经济衰退、突发事故或步入老年而饿死。在19世纪之前，这两部法律一直有效，直到19世纪，政府取消了家长式作风和行政干预手段，他们觉得这些东西无论从经济、社会还是道德上看都好像不太合适。

维持一个顺从友爱的和谐王国，思想控制比国会立法往往更加有效。家庭是国家井然有序的关键，因为孩子们首先要在家里

伊丽莎白坦然接受君权神授

学会国家政治的基本原则——尊重并服从自己的上级。那时，一个家庭平均只有4.75人——丈夫、妻子和两三个小孩，这个数据背后有一系列的社会因素：四分之一已婚夫妇无子女；孩子成年或者父母丧偶后就会离开原始家庭；而普通家庭生育的2到6个子女中，25%在十岁之前就夭折了；婚姻的平均时长可达17到20年。丧偶，尤其是妻子因难产而死，对16世纪的英国家庭来说，其影响不亚于今天的离婚：当时有四分之一的人至少结过两次婚。数据冷酷无情，但和世界其他地区相比，伊丽莎白统治下的英格兰已经很健康了，人口平均寿命达到了41.7岁，这一平均值直到19世纪初期才被超越。

在家里父亲至高无上，这正是整个国家权威的缩影。都铎王朝的小朋友们在学会顺从父母的过程中懂得了服从社会各个阶层的权威。下等人向上等人鞠躬，年轻人为长者让路，学士尊重硕士，硕士尊重博士，所有人尊重教授，这可让如今的高知分子追忆不已。

绅士阶级

在这个秩序井然的官僚社会中，生机勃勃、掌控未来的并不是坐在上议院的大贵族们，而是那些掌管下议院的太平绅士，是他们维护秩序，管理一方。这些人史称绅士，他们既维护了伊丽莎白统治时期的和谐稳定，又导致了伊丽莎白去世38年后的政治宗教动荡，同时还是1660年斯图亚特王朝复辟后最大的受益者。士绅阶级掌握了越来越多的政治文化话语权，他们浮夸的墓碑和显耀的门面，彰显着他们对于未来的信心，无论是今生还是来世。

士绅阶级取决于血统、出身、家庭关系、个人名节，以及可以让他们两手不沾阳春水的足够多的土地。他们的成员包括王室官员、医生、律师，勉强还能算上学者和神职人员。如果有钱，或者与地主家联姻，抑或在市政厅身居要职，也可以算数。士绅阶层日益壮大，到1700年大约占据总人口的2%。在15世纪中叶，他们拥有25%的可耕土地；而到了17世纪末，这个数字翻了一倍，王室和教会成为最大的输家。

绅士的生活可不便宜。他的资产需要满足做绅士的四大"充要条件"：在那个动不动就打官司的年代，能够承担得起高昂的诉讼费用保护财产；能够（通过讨好或贿赂）取悦政府官员；能够为他的孩子们安排好嫁娶；以及贵中之贵的是，能够建造一幢展现其社会地位的大豪宅，这通常"无须费一兵一卒"就可以在经济上击垮一个绅士。

　　在上述所有费用当中，绅士们最看重的就是他们的房子了，因为只有最富有的绅士，才能拥有理想中的"建在高高的山顶上、

16 世纪的绅士展示他的新别墅

远远就能望见"的房子，这样十里八乡都能瞅得见他那恢弘的宅邸。

　　和欧洲大陆相比，都铎和斯图亚特时期的英格兰几乎没有公共豪宅，但是私人的虚荣足以填补公众的炫耀。从建筑风格上看，那个年代看重面积、对称、新颖，以及最重要的——窗户。绅士们建房子就像做灯笼一样，里面要烛光闪耀，外面要如阳光般明媚。这恰恰是在那个有序的社会里，他们的安全感和社会地位的有形体现：他们不再需要用高墙和小窗来保护自己。从外观看，绅士们的房子展现了他们的社会经济地位；而从里面看，它们反映出了社会组织结构的巨大转型。在中世纪，主人和客人、仆人是混居在一起的。而在等级越发分明的16世纪，仆人们住在"楼下"，客人们分居侧翼，主人家有了和他们的绅士地位相匹配的独立空间。那时劳动力又多又便宜，一个普通绅士可以请五十个工人管理他的家产，而一个大富豪则可以拥有三倍于此的排场。仆人们主要是男性，直到17世纪后期，男性数量才有所下降，逐渐被女人取代。不过，只有男仆穿着制服，女仆装则是维多利亚时代的发明。在18世纪的喜剧中，经常会出现女仆穿着主人的旧衣服而使双方都很尴尬的场景。直到20世纪，豪华宅邸都是一种风尚，他们昔日的风采依然可以在英剧《楼上，楼下》中窥见。如果您来不列颠旅游的话，可以买一本《哈德逊历史悠久的花园洋房、城堡阁楼和文物古迹》（*Hudson's Historic Houses & Gardens, Castles and Heritage Sites*），还可以顺便造访威尔特郡的朗利特庄园，或者更蔚为壮观的德比郡哈德威克厅（由什鲁斯伯里伯爵夫人建造，她可是全英格兰仅次于女王的女富豪），而这不过是成百上千对外开放的庄园之二而已。

热战与冷战

（1567—1603）

尽管如今看起来陈腐不堪，但是伊丽莎白的宗教政策拥有能够支撑其王权的价值观和社会观。如果我们以此认为伊丽莎白很幸运的话，那她在外交领域更是如有天助。1559 年，当信仰天主教的法国和西班牙联合起来要对新教徒斩草除根时，奇迹发生了：两任法国国王 [①] 在 20 个月内相继去世——其中一个死于被破碎的长矛刺进了眼睛，而另一个死于耳朵脓肿——于是法国陷入了延续两代人的内战。一夜之间，法国不再是欧洲的主要国家——英国的主要对手，自此在外交和军事领域偃旗息鼓。西班牙的菲利普自然而然地挑起了欧洲的大梁，尽管他有权有势，还是被世界霸主的责任搞得晕头转向。即便西印度群岛的财富涌入他的国库，西班牙军队在欧洲大陆所向披靡，由于菲利普的领地过于分散（囊括了意大利、伊比利亚半岛、尼德兰，以及新大陆），虽然西班牙人口是英国的两倍，但领地只有法国的一半，整个国家社会分裂、经济倒退，国王还承担着沉重的地缘政治责任。

对于伊丽莎白来讲幸运的是，菲利普那时的当务之急是解决来自地中海土耳其的威胁，直到 1571 年西班牙海军在勒班陀获胜，菲利普才有时间和精力想起英格兰女王——他曾经的小姨子，如今已经是个棘手的麻烦了。英格兰海盗（伊丽莎白称他们为英雄和私掠船）在西班牙的新世界海域强取豪夺、打劫珠宝货船，实在可恶至极。但最让国王烦恼的是英国挡在了西班牙到尼德兰的航线上，而且伊丽莎白竟然公然违背国际法，为反叛的新教徒提

---

① 亨利二世和弗朗索瓦二世。

供人力、物力甚至军队，帮助他们摆脱西班牙和天主教。然而，菲利普十分谨小慎微，他更喜欢玩阴的而不是来明的。他察觉到一旦如命中注定，苏格兰的玛丽背井离乡、登陆英格兰，那伊丽莎白的王国定会被企图颠覆异教统治的阴谋诡计搅得天翻地覆。

玛丽·斯图亚特在法国和天主教的熏陶下长大，作为亨利八世的侄孙女，她认为自己才是英格兰王位的合法继承人，伊丽莎白不过是新教的篡位者。不幸的是，1560年，她的丈夫——法国的弗朗索瓦二世去世，她匆忙返回苏格兰时才发现，在约翰·诺克斯①骁勇好战的加尔文式领导下，她的王国已然偏离天主教和法式航向，转向长老宗式的新教主义。作为女王，玛丽·斯图亚特为自己酿了一杯性与血的毒酒，她撺掇谋杀了第二任丈夫达恩利勋爵，还和凶手——她的第三任丈夫、新教徒博斯韦尔伯爵私奔（有人说是被绑架）。苏格兰举国愤怒，不分新教还是天主教，爱丁堡的大街小巷回荡着"烧了这个贱妇"的声音。1567年，玛丽别无选择，只能让位给她的幼子詹姆斯六世，然后落荒而逃。当她作为英格兰的不速之客跨越边境时，便成为欧洲天主教的心头肉和谋杀她表妹伊丽莎白的阴谋中心。

伊丽莎白在一系列企图谋杀她的新奇手段中活了下来，包括致命的香水、有毒的手套、索人性命的香丸、被教宗开过光的银子弹，然而这些不过是她的大臣们意料之中的奇迹。他们知道这些阴谋诡计背后就是"暴乱之女"——天主教的玛丽，所以他们敦促女王"杀了她，一了百了"。然而直到1587年2月，伊丽莎白才不情不愿地下达处决书。那时菲利普才发现，他要是不先给

---

① 约翰·诺克斯（John Knox，1514—1572），苏格兰宗教改革领袖及苏格兰长老宗创始人。

伊丽莎白上一课，就别想再拥有尼德兰，而如果她不能被暗箭所伤，那就只能上明枪了。

1588 年 7 月，无敌舰队启程奔赴英格兰。西班牙舰队至少从字面上看还是挺厉害的：有 130 艘重达 58000 吨的船，船上装有 32000 名士兵和水手，以及 2431 门大炮。然而无敌舰队的核心战斗力却仅局限于靠桨和帆前行的 21 艘盖伦帆船和 4 艘加莱赛战船上。这些在数量上远超女王拥有的 18 艘盖伦帆船，无论在技术上还是战术上都无与匹敌，最后技术和战术占了上风。菲利普的大船还是中世纪和地中海风格，船头船尾高高的，有一个升降台可以让火枪手在登陆敌舰时朝敌人射击。这些船笨重又迟缓，本是为了海上登陆战而设计的。军舰的总指挥——梅迪纳·西多尼亚（Medina Sidonia）公爵本人甚至都从未曾见过大海。反观英格兰的帆船旨在击沉而非登陆敌军阵地，它们小巧轻盈、灵活机动，装载了更多火力而不是登陆部队。

梅迪纳·西多尼亚企图指挥军舰穿过英吉利海峡前往加来，盘算着在那里无敌舰队上的两万五千名士兵可以与西班牙陆军会师。但 8 月 7 日夜晚，英格兰消防艇将他们逐出了避风港。西班牙舰队莫名其妙地开到了海上，第二天一早就邂逅了全副武装的英国军舰，结果自然是悲剧收场。菲利普的五艘大帆船或被击沉，或被驱到岸边，幸亏风向一转，无敌舰队得以逃到北大西洋的深海领域，不然就要在尼德兰海边搁浅了。梅迪纳·西多尼亚想要掉头朝北绕过苏格兰回到西班牙，却遭遇了苏格兰和爱尔兰的狂风骇浪和礁石海岸。

战胜无敌舰队让伊丽莎白走上人生巅峰，此后便开始了漫长的下坡路。菲利普明白了需要更好的舰，还要保护好他的宝船。

而爱尔兰战役几乎让女王破产，她只好卖出她父亲遗产的四分之一，即便如此，她还是给她的继承人——苏格兰的詹姆斯·斯图亚特留下了 42.2 万英镑的债务。她的朝堂充满了明争暗斗，她逐渐失去了法力。她最爱的埃塞克斯伯爵，忍无可忍竟然问了个别人想都不敢想的问题："君主就不能犯错吗？政策一定是对的吗？世俗权力就这么无穷无限吗？"1601 年，伯爵为了验证这些问题发起叛乱，失败后被处决，然而君权神授的丧钟已然响起。两代以后，对于前两个问题，大多数斯图亚特王朝的民众给出了肯定的答案，而对于最后一个问题，则坚决否定。

詹姆斯一世和六世，或玛丽·斯图亚特的复仇
（1603—1625）

詹姆斯·斯图亚特（James Stuart）将自己的名字拼成了法语（Stewart），因为他的母亲——苏格兰的玛丽女王曾在法国长大。他新接手的国家号称"应许之地"，每年的收成是苏格兰的六倍之多，他可以随心所欲地挥霍。詹姆斯是悲剧的斯图亚特家族的一匹黑马。他的外曾祖父詹姆斯四世在和英格兰的战斗中丧生；他的外祖父因败于英格兰而羞愧致死；而他母亲则被英格兰表亲处死。詹姆斯六世在一系列企图谋杀或绑架他的阴谋诡计中活了下来（他即位时只有 13 个月大），随后以英格兰的詹姆斯一世的身份统治这个国家长达 22 年之久。伊丽莎白于 1603 年去世后，由詹姆斯继位，这个消息听起来好比"动听"的乐章，甚至不需要他"修改其中任何一个音符"。其中最悦耳的部分当数他有了平反的机会，可以让他母亲在威斯敏斯特与伊丽莎白平起平坐。更让我们的"光

荣女王"瞠目结舌的是，詹姆斯还给玛丽打造了一块墓碑，装饰有法国鸢尾花，并且摆放在了亨利七世及其妻子——约克的伊丽莎白的镀金青铜像旁。我们的第一任都铎国王就这样躺在了自己的孙女和曾孙女中间，于是历时一个世纪的狗血剧情封存在了石棺中。

詹姆斯登基之时就遇到了宪政问题。他没有足够的收入活得像个英格兰国王，而国会又拒绝为他埋单。他理应依靠王室的财产生活，只有在紧急情况下才向国会伸手，他的前任伊丽莎白便是靠自己的机智、节俭和粉饰需求的能力解决了这个问题，但詹姆斯既不节俭也没能力。他就是穷奢无度，还不知道怎么赚钱，总是一副老学究做派，寡淡又无趣。如果詹姆斯能控制控制自己，不给密友们花那么多钱，国会就不会一直唠叨他，而国会为了督促他好好改正，每次在他要钱时都要附赠一大堆附加条件，由此恶性循环，陷入僵局。于是詹姆斯利用自己的特权转向各种奇葩的圈钱方式，而国会表示如果他不停手，就不同意他收税。此时，下议院火上浇油地发表了一个惊人的声明，说："据他们所知，民众之声，即上帝之声。"既然国会为民众代言，便暗地里同神授的君权成了竞争对手——国王和国会不能都是上帝的代言人。

清教徒们则以赞歌迎接他们的新国王。他们以为詹姆斯是苏格兰人，从小受长老宗熏陶，应该能让英国国教摆脱教宗剥削。但詹姆斯偏偏喜欢刨根问底——难怪被称为"基督世界最聪明的傻子"。他想，如果清教徒们相信人人都可以直接与上帝立约，并对自己的救赎负责，那从父亲到国王再到上帝，这种层层分明的权威等级该怎么办？答案自然是从平民到国王的中间人都会被掐掉。如果你质疑主教对于《圣经》的解释，那下一步就会质疑国王的神圣权力，因为"没有主教，就没有国王"。詹姆斯发觉英国国教的主教结构与君主制同气连枝，当清教徒也想在英格兰设立长老宗时，他义正词严地对他们说长老宗"之于君主，就像魔鬼之于上帝"。他当然知道自己所言何意，毕竟他受苏格兰的长老宗训导了 36 年。实际上，对于清教徒，詹姆斯比伊丽莎白包容多了，那 35 个和其他 66 名乘客一同登上荷兰开来的"五月花"号的清教徒是为了逃离女王的法令，而并非新的斯图亚特王朝的统治。

建立殖民地

16 世纪，英国人首次将目光从欧洲大陆转向新世界，想象力不再局限于阿金库尔和法兰西。他们如今痴迷于那些穿越地球顶端到达中国和东方的传奇，痴迷于那里的厨具都是金子的鬼话，痴迷于沃特·雷利（Walter Raleigh）爵士想在大洋彼岸建立"英邦"的梦想。

心怀敬畏的朝圣者戴着"黑色宽檐帽"，他们想以坚定的信念在荒野中建立一个清教徒天堂的美好图景并不真实。上帝的子民们身着斯图亚特时代的服饰来到新大陆，就是为了谋求利益和灵魂的福祉。然而，殖民统治需要长期的资本投入。1607 年的詹姆斯敦探险队，在头 15 年就花了十万英镑，然后破产了。直到弗吉尼亚定居者把印第安人抽的干烟叶运回英国，让英国人也染上这个习惯，殖民小队才有钱赚。

工商业的迅猛发展催生了创新精神所需的风险投资，其引发的殖民冲动使得在"荒无人烟"的地方建立国家成为可能。1540 到 1640 年间，资本家和探险家如雨后春笋。铁的产量翻了 5 倍，煤翻了 7 倍。有人说："改改你的地图吧，纽卡斯尔就是秘鲁。"可见英格兰后院的石油比西班牙在中美和南美洗劫的财宝还要珍贵。约克郡的煤点燃了伦敦的锅炉，铁矿化作了铁，甘蔗化作了糖，海水化作了盐，矿主们个个赚得盆满钵满。英国航运业绩也翻了番，东印度公司原本只打算做东印度的香料买卖，后来经荷兰人改造做上了整个印度半岛的生意，在 1607 年盈利 500%。

钱驱赶着大家走出家门。英国人搬到了新英格兰的花岗岩地区、纽芬兰的渔场、弗吉尼亚州的红土地，以及西印度群岛，那里出产的蔗糖可以让茶更加香甜。到 17 世纪末，有 25 万英国人

那么，如果人们不得不接受的话，你就可以收税

在从缅因州到卡罗来纳州的北美沿海定居下来。

前两任斯图亚特君主对这种迁徙毫无兴趣，只有一个例外——爱尔兰。如今人们依然记得詹姆斯一世首开先河，将苏格兰和英格兰人移民到阿尔斯特省[①]。在亨利二世的统治下，征服翡翠岛（the Emerald Isle）[②]就成为英格兰军事声誉的坟墓。为了制服爱尔兰各部落，伊丽莎白劳民又伤财。詹姆斯则挑选了百名苏格兰和英格兰"包工头"，许诺说如果他们能带来新教徒移民，就分给他们每人1000到3000英亩土地。结果，17世纪跑到爱尔兰去的英格兰人和苏格兰人，比去其他地方加起来的都多。詹姆斯的移民政策在17世纪50年代克伦威尔摄政时期愈演愈烈，成千上万的克伦威尔士兵和英格兰人在军事胜利中趁火打劫，把爱尔兰农民逼到了西爱尔兰的荒郊野外。爱尔兰人眼中的奥利弗·克伦威尔凶神恶煞，打个响指就能点燃自己的烟斗。

查理一世——殉道者而非君主
（1625—1649）

如果我们说英格兰这艘小船在詹姆斯一世的手中摇摇晃晃，那他儿子查理则在国会的协助下，直接驾着这艘小船朝着内战的礁石撞了上去。最终摧毁国王和国会的狂风骇浪并不仅是宪政问题，还有国民心态问题。税收权是否只属于国会，还是国王也有权强制举债或增加额外税收——这种关于征税的根本矛盾，以及关于国内外政策的行政独立性，让小船摇摇欲坠，而不信任感加

---

① 爱尔兰古代省份之一。
② 爱尔兰的别称。

上宗教狂热，更渲染出暴动和革命的情绪氛围。

詹姆斯享受着上帝赐给他的一切，并且原封不动地将其传给了他的儿子。1625年，查理想要更多，他当真以为作为这个有机社会中天赋神权的家长式统治者，他懂得最多，他永远正确。他痛恨所有质疑他特权的问题，也痛恨下议院每次批钱时都要他大费口舌。他和他父亲在位时留给他的贪婪成性的首席大臣白金汉公爵，让这个国家卷入了两次短暂却失败的战役。最让国会愤怒的是，他们还要为战败埋单。到了1629年，国王和国会争执不休，下议院试图通过一项决议，将所有付关税或者强制贷款的人称为"英格兰自由"的叛徒。作为回应，查理下令解散国会。下议院则将议长摁在了椅子上，告诉他"坐到我们让你起来为止"。此话无异于叛乱，因为议长是王室官员，国会不让他起来就是在宣告自己的休会权和解散权，而这个权力本应属于国王。

查理对于这场宪政危机的解决办法是在其后的11年里当国会不存在。乖乖听国王的话、好好缴税依然是根深蒂固的社会本能，但如果国王想要尽到作为首脑的本分，让这个国家有信心和希望的话，他还需要合理稳定的政策、充足的资金和诚实有能力的官员。查理翻阅落满灰尘的中世纪宪章，然后在"封建财政"中挖到了宝。其中最臭名昭著却让查理收获颇丰的是，过去国家极度危难之时，曾向英吉利海峡的某些港口征收船费补贴军用，而查理将范围延展到了内陆地区，并且不管有没有军事需要，他想什么时候收就什么时候收。

国王的政策可谓是理想很丰满，现实很骨感。有两个问题：国王的所有大臣中，也就威廉·劳德（William Laud）主教和斯特拉福德伯爵托马斯·温特沃斯（Thomas Wentworth）算得上诚实可靠，而且国王的政策在上传下达时变了味，损失了政府的公信力。星室法庭和高等宗教事务法庭这两大古老的特权法庭本是为了施行伊丽莎白理想中兼顾平衡的家长式共同体，但缺乏训练有素的执行者。当国王下令为穷人提供慰藉、在饥荒时稳定物价、阻止

查理一世沉迷于可以把所有组织者送进监狱的财政政策

地主遣散农民时，那些无法从中牟利的人就当作是耳旁风，更何况他们还曾是国王遣散了的国会议员。而且，王室沉迷的财政政策可以让所有组织者进监狱，当时至高无上的经济社会规范并不是为了让国家健康运转，而是为了罚款敛钱（就像如今的超速罚单一样）。

如果不是宗教问题，查理风雨飘摇的统治或许可以无限延续下去。某种程度上，是他自己埋下了毁灭的种子，一切都取决于他心中最珍视的原则——统一信仰。国王和劳德主教开始在英格兰和苏格兰强行推出（尤其在清教徒眼中）与天主教相似的新教式高教会。英格兰的清教徒逃到了新大陆，苏格兰长老派成员朝爱丁堡大教堂的长老扔板凳，公开反抗国王，挑起战争。

战争揭开了蚕食查理政府的伤疤，迫使他想起了国会。苏格兰大军濒临国土，查理没钱应战，他别无选择，只能于1640年11月召集"长期国会"。于是长期国会以各种形式存续了23年，先是剥夺了国王的特权，随后宣示了自己的主权，最终以国法的名义处决了国王。经过11年不讲理的王室统治，在统治阶级眼中，国王的公信力趋近于无，于是上下议院联合起来，决定从根本上改变国王和国会的关系。1641年，查理无可奈何地屈服了：他授权解散了特权法庭；准许他的侍从——劳德和斯特拉德福被国会处决；签署了立法，保证国会每三年召集一次，并且未经国会允许不得休会或解散；他还放弃了除了王室土地以外的所有未经国会允许的收入来源。

国会不费一兵一卒便取得了惊人的胜利。然而一年之内，战争还是爆发了。为什么呢？答案在于宗教、时机、恐慌，以及掌握着所有革命的生命周期和把一切引入极致的内部矛盾。

查理一世的苏格兰子民朝爱丁堡大教堂的长老扔板凳

当国王长达 11 年的无国会统治土崩瓦解时，不仅是清教徒，就连新教徒也普遍认为在宗教问题上国王就是软柿子，甚至还有可能是天主教地下党。他妻子——法国的亨丽埃塔（Henrietta）——信仰天主教，还能在法庭上望弥撒，于是他让天主教徒位居高位，还试图摧毁苏格兰长老宗，而他的大主教劳德好像也与罗马结盟。时任罗马教宗是伪基督徒，这一点很多年前就曾证明——1605 年11 月 5 日，盖伊·福克斯（Guy Fawkes）带领一帮天主教徒企图用爆炸了结国王和上下议院。如今不列颠的小朋友们每年都会重演这段历史，试图用烟火把自己放到天上去。事实上这个国家里只有不到 1.5% 的人信仰天主教，但是在大多数新教徒眼中，当面对天主教的恐吓时，数字可不是问题，更何况国王还与魔鬼穿一条裤子。

1641 年 10 月，潜在的宗教问题和鲜活的宪政危机突然合二为一。情报传来，信仰天主教的爱尔兰农民血洗了信仰新教的英格兰和苏格兰地主，三万男女老少惨遭屠杀，罪行滔天。尽管数字有些夸大，但这场叛乱确实让国会很情绪化，他们认为爱尔兰天主教必须受到惩罚。然而历史上出兵打仗是国王的权限，可国会又不相信查理。他们害怕那些旨在清理爱尔兰天主教徒的军队会被查理用来对付英格兰的新教徒。

关于谁掌握军权的争执是宪政矛盾的根源，温和派必须选边站队，国会必须直击国王的统治。1642 年 2 月，国会以 23 票通过《民兵条例》（The Militia Ordinance），剥夺了查理的战争指挥权，将所有军事任命收归国会。查理心如死灰。诚如他言，如果他失去了委任官员的权力，"我们还是有人服侍，有人亲吻我们的手背……我们还是会为王冠和权杖欣喜若狂……但至于实权，我们只能靠边站，只能当它是一种图景，一种国王的象征。"

《民兵条例》对于王权的冲击吓坏了那些支持有限君主制的温和派。令他们惶恐不安的还包括国会威胁弹劾王后，在英格兰国会废除主教制，引入长老宗。于是保王党逐渐成形，1642年8月22日——恰巧是亨利·都铎在博斯沃思战场获胜157周年，查理在诺丁汉举起了保卫都铎–斯图亚特王朝统治的大旗，507名下议院议员中的239名议员和大多数上议院议员走出国会，要么加入国王一边保卫老祖宗留下的宪法和英格兰教会，要么尽可能保持中立。

后来国会获胜，由此诞生了奥利弗·克伦威尔的新模范军，并最终走向自我毁灭。国会原本掌控了英国最富有的城市伦敦和海军，而且还能雇苏格兰人打仗。但克伦威尔组建了一支打心眼里认定国王就是魔鬼门徒的军队，扭转了乾坤。1643年内斯比战役中，克伦威尔的圆颅党（源自伦敦学徒的短发）击溃了查理的骑士党（源自残暴的西班牙骑士）。一年之后，查理向苏格兰人缴械投降，虽然表明自己是土生土长的苏格兰人，但他们还是毫不留情地以四十万英镑的价格即刻将他卖给了国会军。

胜利是有代价的：获胜方（国会、苏格兰人和新模范军）产生了内讧。上下议院的保守派支持君主立宪和长老制，而激进派则拥护国会的绝对权威、共和制和公理制。国会的保守派还企图不给钱就打发为他们立下汗马功劳的军队，这使得军队恨由心生，让事态雪上加霜。全军上下无一例外地认为，多年以来查理的糟糕统治"和长期国会比起来就是小巫见大巫"。

在这场争端中，查理扮演起诡诈的中间人，做出了根本无意当回事的承诺，还在1648年组建了包括自己、苏格兰人和国会中的长老派在内的三方联盟，共同抵抗军事、宗教、政治上的激进

（有错却浪漫的）骑士和（正义却烦人的）圆颅

派。查理第二次败了，但这次有点不同。第一次内战结束的时候，他即便不是个好国王，但仍算是国王。但第二次内战走向尾声时，他被克伦威尔和军方定义为"血腥之人"，必须为他对上帝和"善良的英格兰人"做的坏事"血债血偿"。并且在军方眼中，国会的保守派和国王一样坏，应该好好清理清理。12月6日，托马斯·普莱德（Thomas Pride）上校逮捕了40余名下议院议员，并把另外百余人拒之门外。大部分人都被他吓坏了，拒绝入席，只有几十个正义的余党（不到法定人数）坐在那里聆听上帝和军队的指示。一个月后，在奥利弗·克伦威尔和其他军事政要的敦促下，这些余党发动政变，解散了国王与教会组合，宣称自己"拥有这个国家的最高权威"。随后以战争罪审判查理，将他定罪为"英格兰人的叛徒"，并在 1649 年 1 月 30 日将他处决，后于 2 月还添油加醋地通过立法让上议院灰飞烟灭。

除了受军方控制的余党以外，过去的宪政体系消失殆尽。未来十年，军方一直在笨手笨脚地搭建某种宪政模式，作为赤裸暴力的遮羞布。关于查理的诸多罪行，他在受到审判和处决时说得很对，如果他失去了作为国王的权力，失去了人身自由，他"不知道还有谁能保护他的生命，或者他自己还能做些什么"，他是"民众的殉道者"。

然而，砍了国王的脑袋也没能制止流血事件，国家又经受了最后一次政治痉挛。1649年9月，克伦威尔的军队炮轰爱尔兰的德罗赫达并屠杀其驻军，爱尔兰天主教自称上帝的选民，奋起复仇。两年后，苏格兰起义捍卫新君主查理二世，又被新模范军打败。19岁的国王落荒而逃，先是扮成了樵夫，后又扮成了家奴。（那些曾为他躲避全副武装的圆颅军提供掩护的树苗，很有可能是著名的皇家橡树，至今仍竖立在天主教城市伍斯特附近的博斯科贝尔庄园。）击垮斯图亚特王朝的代价惨重，三个国家中，英格兰损失了3.7%的人口；苏格兰损失了6%；爱尔兰则损失了61.6万人，占人口总数的41%。至于金钱方面的损失，据某专家说："20世纪的世界大战才打破了这一记录。"

空档期和法制的探索

（1649—1660）

军方把所有的敌人都整治得服服帖帖，随后声称自己不是"唯利是图的军队"，而是在"判断和良知"中揭竿而起的群体。根据它的良知，它判定国会的余党没"为公众"做过什么好事，克伦威尔决定"要摆脱它"。于是，1653年4月20日，他清空了国会，第二天在门上贴了个"装修中"的告示。

旧制度的残余势力清理干净了，军方却搞不出有效的替代品。大将军克伦威尔变成了护国公，但也没比查理更会敛钱，圣人和清教徒同罪人和保王派一样不喜欢缴税。克伦威尔也像死去的国

奥利弗·克伦威尔解散长期国会

王一样包揽大权，但是国王查理的"暴政"有 11 年之久，护国公克伦威尔只干了 2 年。人们不再逆来顺受，发现无论军事独裁多么神圣，都比不上法制，尤其现在的领导业务还不熟。于是曾经搞掉国王的上下议院开始一点点搬回君主制，只不过没在明面上说。他们基于过去的选举制组建了众议院，里面包含军方政要、克伦威尔的朋友和护国公。他不想被称为国王，但却接受了"殿下"这种王室称谓。然而，这种全新的组织架构依然缺乏合法性，"一脸困惑"的护国公辛勤耕耘，想让他的国家回归正轨，却始终颗粒无收。1658 年 9 月，护国公去世，护国政体也随之烟消云散。

在近乎无政府的环境下，无论保王党还是共和党，资产阶级都遭遇了"头疼、脑热、大出血"，社会中"活得更好的那些人"发觉想要"大众恰如其分"地服从等级制度，就需要重启君主制。于是 1660 年春天，乔治·蒙克（George Monck）将军挥师挺进伦敦，重新请出年迈的余党们。他下令敞开大门迎接 12 年前被遣散的议员，支持半复活的长期议会重新建立机制，迎接查理二世登基，然后再让它默默地自我解散。

如今来看，查理被处决后的 11 年是偏离正轨的，因为这段空档期中没有出现有效的法制。不列颠人得到教训：胡乱摆弄宪制是可怕的，但军事专政更可怕，从此他们要竭尽所能避开这两大雷区。但是弄死国王、搞垮君主制这出"狗血"剧实在有趣，直到 20 世纪上半叶，他们才终于消停下来。1858 年前，英国教会始终把查理的忌日作为"斋戒和谦卑日"纪念，而直到 1928 年，这种仪式才从《公祷书》中剔除。肉体方面，1813 年御用外科医生亨利·哈尔福德（Henry Halford）爵士打开了查理的棺材，取下了国王的第四块椎骨，做成了盐罐，在晚餐时招待客人。偏爱斯图亚特家族的维多利亚女王听闻此等亵渎,觉得哈尔福德非常无聊,命令还她祖宗一个全尸。(好奇她会不会为亨利八世也这么做。)克伦威尔的脑袋也有类似的经历。重启君主制后,护国公惨遭秋后算账,他的头骨被钉在了威斯敏斯特教堂里(查理被审判和处决的地方),24年后,在一场狂风暴雨中滚落下来。它就那样被吊了几十年,后来有人以230英镑的价格买下这个头骨,希望能靠展出赚钱。最后头骨落入了威尔金森家族手中,他们将其保存在内衬红丝绸的橡木盒子里,并在1960年交给了剑桥大学(克伦威尔的母校)悉尼萨塞克斯学院,小心翼翼地埋藏起来。查理和护国公的灵魂或许终于得以安息,但机缘巧合之下,游客还是能看到国王和他的宿敌对垒。在伦敦圣玛加利大教堂东门上方的一个壁龛里,有一尊国王的青铜半身像,平静却挑剔地看向国会大街上奥利弗·克伦威尔坚毅的面庞。克伦威尔矗立在那里,一手握长剑,一手持《圣经》,背对国会。而这尊雕像没花公家钱,是私人建造的。

查理二世和君主制复辟
(1660—1685)

大家一起如此齐心协力地"开倒车",假装过去二十年什么也没发生过,在历史上可谓绝无仅有。查理一世有一尊内战爆发时建造的(全伦敦最帅的)青铜骑像,当时为了防止被毁而埋于地下,如今已颇具象征意义地被刨了出来,摆在了白厅正中央,直接通往那个处决他的宴会厅。而他矗立的地方,恰巧也是那些扳倒国王的人反过来被当作君主制和宪政制的敌人,而后被干掉的地方。查理二世的复辟承诺解散军队、给予"良心的自由"和惩罚国会，除此之外，斯图亚特的统治还像1641年查理他爹和上下议院敲定的那样：（1）国王拥有特权，但当他签下《人身保护法》（The Habeas Corpus Act）保障子民免遭任意逮捕，并且废除星室法庭和高等宗教事务法庭的时候，也就放弃了其中大部分特权；（2）国会掌握税收权，同时承担起为政府提供资金的责任，并且要求至少每三年举行一次会议。

即便这个构造看起来还是老样子，国王和国会这一组合只是在理论上再度复出，它的灵魂已经面目全非。没人能否认曾经发生过革命，国王被自己的国会摘了脑袋。重蹈君主制并非上帝的旨意，而是国会的意志，国会也从未忘记最支持改革的约翰·皮姆（John Pym）曾宣称："国会之于国民，就像灵魂之于肉体。"都铎时期的国家或许犹存，但国王不再是精神领袖，顶多是个管事的脑袋。

值得庆幸的是，新国王并不想重蹈覆辙，他明白国王和国会之间有一大堆麻烦没有解决，他要在一种极不稳定的宪政体系下存活，而且他够聪明，也想得开，所以可以在几度濒临叛乱的政治争斗中游走 25 年。这个国家有三大不稳定因素。最直接的是，国会应许每年从消费税和关税中拨给查理 120 万英镑年收入，但是根本没那么多钱，这导致国王极度缺钱，只能从他表弟——法国国王那里讨要救济。然而，路易十四的资助是有代价的，他要求查理推行亲法的外交政策，但最终国会怀疑法国的险恶用心，导致查理和国会争执不休。并且彼时路易正忙着清理自家法国新教徒（胡格诺派）的保护伞，国会害怕他也要把英格兰再度变成天主教国家。

长期来看，对查理和国会都更为重要的是，复辟也没能解决（国会拥有的）税收权和（属于国王的）决策权之间的关系。国会可以筹钱，但不能按自己的想法花钱；国王可以按自己的想法花钱，但不能筹钱。渐渐地，查理放弃了按自己的想法花钱的权力，国会也建立起按自己的想法花钱的机制，还要求给王室公开记账。

　　查理无法生出合法的继承人（不合法的倒是一点问题都没有），还面临复杂的宗教问题，并险些让他重演历史。由于王位和宗教不可分割，重启旧政体就需要重建旧教会，即便查理曾允诺"良心的自由"，新的"骑士"国会还是决定统一施行英国国教。君王再度号称"信仰卫士"和"英格兰教会领袖"。不服从新的《统一法案》（Act of Uniformity）的天主教徒和新教徒受到了严惩，我们可以在双目失明的约翰·弥尔顿的诗篇中聆听新教徒失败的丧歌。《失乐园》是沮丧的新教徒的哭泣，而《复乐园》是他们重获天堂、赢得精神而非政治胜利的新希望。

　　宗教问题和信仰狂热像过去一样激烈蔓延，在查理统治的最后十年，沙夫茨伯里伯爵安东尼·库珀（Anthony Cooper）挑起了民众对于天主教的恐惧，再加上关于继承问题的尖锐争议，差点引发又一场宪政危机。问题的症结在于查理的法定继承人是他的弟弟詹姆斯，而詹姆斯皈依了天主教。沙夫茨伯里和他的组织绿丝带俱乐部（后来的辉格党）企图通过煽动反天主教情绪和发放大量免费啤酒组建国会，不许詹姆斯继位。而查理用自己的政治名誉和王冠保住了弟弟的继承权，直至1679年查理垂死，人们才意识到，一旦他去世，他的私生子、信仰新教的蒙茅斯公爵和信仰天主教的詹姆斯之间将会发生内战，并且突然记起乱搞法制会带来大麻烦。好在国王挺了过来，危机解除，查理在法国的资助下圆满完成了他的统治。即便如此，斯图亚特王朝一贯的悲剧命运暗示了他弟弟在王位上连 4 年都做不够，最后还差了 45 天。

光荣革命

（1688—1691）

如果上苍搞恶作剧，创造一位君主出来就是为了搞掉他的王冠，那一定是詹姆斯二世。他呆板、固执又愚蠢，就连他哥哥都觉得他的情妇们又丑又呆，简直是"神父派来给他修行的"。1685 年时，他的王位就像詹姆斯一世 1603 年跨越边境喜获遗产时那般稳固。然而，詹姆斯二世只用了 36 个月，就逼得众叛亲离，所有人都希望国会能让一个荷兰人取而代之，还由此引发了光荣革命。

詹姆斯继承王位时，大家小心翼翼地忽略了他的天主教信仰，毕竟他第一次婚姻诞下了两个新教徒女儿——玛丽和安妮做继承人。然而让人无法忽略的是他做出的事：残暴地镇压企图谋反的新教徒侄子（蒙茅斯公爵）；拒不解散为镇压谋反而组建的军队；违反法律，提拔天主教徒担任军政要职；利用暂缓权搁置土地法；胡乱修改选举程序，得到下议院的支持，破坏了有钱有势的那帮人对国会的掌控；更重要的是，他出人意料地生了一个信仰天主教的儿子，并让他作为王位的继承人。这最后一击——热锅宝宝［辉格党和新教徒始终怀疑詹姆斯的第二任妻子摩德纳的玛丽（Mary of Modena）不是真的生了个儿子，而用热锅将一个孩子偷运进她的产房］的诞生，加上詹姆斯竟然还请了教宗做孩子的神父，都挑起了新教徒的不满，刺激辉格党和托利党采取一致行动。辉格党（该名称是对苏格兰盗马贼和叛军的蔑称）认为国王仅仅是国家的行政首

如果坏心眼的上帝造就出来哪位君主就是为了让他丢掉
王冠的，那一定是詹姆斯二世

领，真正的权力属于国会；托利党（该名称是对于爱尔兰天主教土
匪的调侃）则坚持君权神授，但他们共同掌管国会，共同代表资产
阶级和统治阶级。在他们看来，詹姆斯的举动无异于证明他一心
想要重启专制主义，重建天主教，完全无视他们的统治权。他必
须离开。问题在于如何在不触碰法律、不引发内战的情况下甩掉
一个合法的国王。

结果好运降临，詹姆斯·斯图亚特惊慌失措，完全没想要留

下来保卫王冠。难点在于找一个合法的替代品。1688 年 6 月 30 日，六个辉格党和托利党议员，以及英国国教主教，写信给荷兰总督奥兰治的威廉（他已经暗示过他很期待一份这样的信），请他救救他们的国家，他们的国王公然宣称伊丽莎白一世是像奥利弗·克伦威尔一样的篡位者，而且他好像"只听圣母马利亚的话"。威廉是查理一世的外孙，而且他还娶了詹姆斯二世的新教徒女儿玛丽·斯图亚特，他们两个加在一起具有合法性。

11 月，威廉登陆英格兰，随行有 15000 名士兵，带着可以铸造印有他鹰钩鼻头像的钱币模子，还有一个行走的报社漫天发布新闻，宣告他来保护"新教信仰和英格兰的自由"。当詹姆斯的小女儿安妮和他最杰出的将领约翰·丘吉尔（John Churchill）也倒戈支持威廉的时候，詹姆斯的势力土崩瓦解，于是他带着老婆儿子迅速逃跑，到法国找他表哥路易十四，路上还顺手将英格兰国玺扔进了泰晤士河。这一行为使国会得以宣布詹姆斯放弃王位，下面就要讨论讨论新候选人（们）登基的条件了。

随后是三方拉锯战。辉格党想要宣告王位空缺，玛丽当选女王，威廉受任亲王；托利党希望威廉作为摄政代替詹姆斯，从而保留绝对合法性；而总督本人则声称他不会"靠老婆的裙带关系"或者充当摄政，他告诉辉格党和托利党议员，如果不能以自己的名义统治的话，那他就回家了，"再也不管他们的闲事了"。最后威廉获胜（或者说总体上获胜），他和妻子玛丽成为共同君主。鉴于玛丽一向恭谦礼让，而且像当时的人们说的那样有着"和内陆河一样迟缓"的大脑，威廉几乎独享王冠。他喜欢宣称自己因征服和正统而统治，却很难忽视"诚实汤姆"沃顿——这个精明的辉格党选举贩子、所谓的政客的话，他曾直截了当地对威廉说：

"是我们（国会）让你成为国王。"1689 年，威廉扭扭捏捏地接受了上下议院起草的"革命决议"——《权利法案》（Bill of Rights）缩减但并没有完全废除他的君主特权和法律暂缓权。他同意未经国会允许，常驻军不得超过一年；他接受了六十万英镑的无限制年薪（只有查理二世的一半），而其他的特别支出需要每年审批一次；他还签署了《宽容法案》（Toleration Act），删除了大部分对于不同信仰者（除了天主教徒和犹太人）的刑罚，毕竟他自己信仰

凶猛的苏格兰高地人十分重视苏格兰风笛和短裙的传承

加尔文教，而他妻子信仰英国国教。

荷兰威廉对他的英国子民一点也不感兴趣，反之亦然。这对夫妇的联合统治不过是一场极为成功的政治诡术——英格兰得以拥有君主立宪，同时，查理一世的两个新教徒孙辈比他的天主教儿子更具有宗教礼法的优越性，也很让人感到宽慰，而威廉也得以实现他的幕后动机：保卫他的宝贝荷兰免受法国侵扰，并且将英格兰卷入欧洲大陆的权力争霸赛，用以平衡路易十四企图拓展法国"自然"边境的野心——南至比利牛斯山，东至阿尔卑斯山，北至莱茵河——吞下部分神圣罗马帝国，整个西属尼德兰（如今的比利时），以及一大块荷兰共和国。

对于这场继位的"改造"或许是光荣的，但绝非没有流血。苏格兰低地从威廉手里搞到了长老宗的法律认证后，就失去了对他的兴趣；而高地部落执着于正统的斯图亚特血统，他们通过一系列血腥却徒劳的反抗展示了自己的忠诚，分别在1689年、1715年，以及最后在1745年至1746年间奋力一搏，却被坎伯兰公爵威廉率领的精兵强将一网打尽，最终成千上万高地人战死沙场，斯图亚特家族的悲惨命运就此终结。他们残忍地夺走了苏格兰高地部落的风笛和短裙，但鉴于1745年时，苏格兰短裙问世不过一代，而且追根溯源是英格兰人发明的，而风笛最初是作为一种音乐惩罚乐器而出现的，取缔这些东西并不像传说中的那般惨无人道。尽管如此，英格兰人还是骄傲地将一种石竹花命名为"甜心威廉"以纪念坎伯兰，而苏格兰人则将一种杂草称为"臭比利"，铭记公爵在卡洛登的野蛮行径①。

---

① 在卡洛登战役中，威廉对战败的苏格兰人施以暴行，并被冠以"屠夫"之称。

而爱尔兰更加血腥。由于威廉三世不能接受这个小岛成为法国入侵英国或者詹姆斯重返王位的跳板，于是在 1691 年，英格兰新教军在一个世纪内第三次击垮了"天主教民族主义者"的暴动。随后的 230 年，这个小岛无异于受监禁和剥削的英格兰殖民地，只有七分之一的领土还属于信仰天主教的爱尔兰人。

艾萨克·牛顿爵士和"科学的快乐童年"

威廉三世虽然脾气暴躁又性格内向，却是英国最成功的勇士国王之一，但如果有人告诉他 300 年后《时代》杂志评选第二个千禧年的造就者，17 世纪的代表人物并不是他或者法国太阳王，

艾萨克·牛顿爵士（轻兆地）说："好姑娘，我从来不买苹果，都是苹果主动找我。"

而是艾萨克·牛顿爵士，他一定会非常惊讶。（另外两个获此殊荣的英国人是 11 世纪的征服者威廉和 16 世纪的伊丽莎白一世。）

牛顿（1643—1727）和他那（未必真实存在的）证明万有引力的苹果，以及皇家学会（成立于 1660 年）的同事，一同成为给现代科学家提供肩膀的巨人。他们带来了人类思想的革命，将上帝从灵魂的绘图师转化为神圣的机械师，它的机械宇宙可以被预测、被发现、被理解、被控制，遵循着自然的法则。同时，他们还为 18 世纪的启蒙运动奠定了理性基础，那时全欧洲的圣人和学者都可以骄傲地说：“从音乐到道德，从神学到贸易……我们都会探讨、分析，或者至少提及过。”

亚历山大·蒲柏曾戏谑道：“自然和自然法则躲在夜幕中；上帝说‘要有牛顿！’，然后一切豁然开朗。”难怪阿尔伯特·爱因斯坦也曾说过：“幸运的牛顿，快乐的科学童年！”神与人、启示与理性完美融合，哲学家、主教、国王与教宗一起唱起赞歌：“高傲可鄙，只因它不近情理。凡存在的都合理，这就是清楚的道理。”[①]可惜十七八世纪的君主花了太多时间和精力打仗，而非探求“普遍真理”，他们自然而然不会是 21 世纪《时代》杂志的首选。20 世纪属于一名温和的德国理论物理学家，他让宇宙复杂得难以理解，但是和牛顿一样，他固执地坚信着“上帝不和宇宙玩骰子”。（黑衣修士桥对面有一座伦敦城市学校，牛顿的雕像是那个学校的装饰之一，和约翰·弥尔顿，以及约翰·斯图尔特·密尔站在一起。）

---

① 译文摘自亚历山大·蒲柏名篇《人论》，王佐良译。

与法国开战，第一回合

（1689—1713）

战争是 18 世纪各国的主要焦点。从 1689 年至 1815 年的 63 年间，英格兰始终处于战斗状态，不停地和法国乃至全世界开战。在亨利五世取得阿金库尔战役的胜利以后，英国沦为欧洲权力游戏的第二梯队。就连伊丽莎白一世时期也不例外，伊丽莎白的成功更大程度上在于法国的王朝更迭和政治战争，而非英国本身的地缘政治实力。于是这个小岛在 17 世纪又被打回原形，但 1690 年以后，在惊人的国内外变革中，一切发生了变化。场上的新选手英格兰，成为反法联盟的大金主和实力战将。

在与法国的长期拉锯战（即所谓的第二次"百年战争"，这个描述和第一次一样不准确）之外，英国逐渐形成了延续至 20 世纪的外交基本原则：（1）绝不允许低地（荷兰和西属尼德兰）落入敌对势力（直到 20 世纪都是指法国）手中；（2）海军掌控海域，不仅要阻止欧洲大陆入侵，保护英国主要航线，还要为大陆盟友提供武器和补给；（3）英国利用其独特的地理位置和对全球商贸的掌控地位支持她的欧洲小伙伴，当然，这取决于谁是她的小伙伴，并且像那句俏皮话说的那样，让奥地利、普鲁士、俄罗斯或者荷兰一个不剩地阻止法国或者其他势力主导欧洲。

古语不假：战争需要三件东西——钱、更多钱、更多更多钱。威廉要哺养战争，尤其要重整海军、组建外国雇佣军，他只能以史无前例的规模向资产阶级征税，还由此建立起国债体制。这是一种赤字财政，但不用担心钱不够花，因为永远不用还钱。从财政角度来说，18 世纪的英国算得上全球第一个现代国家。过去借钱主要通过特殊目的的短期贷款，1690 年以后，英国王室开始出售以政府稳定性和流动性为担保的付息证券。光荣革命后，国会牢牢捏紧了钱包，并且可以左右王室政策，让这种方式得以实现。国会代表的那些经济贸易集团愿意投资政府证券，因为人人可以从中获益——有钱人可以从高收益股票中获得可观的收入；国王可以随时随地用钱，还能想怎么用就怎么用；最棒的是，政府永远不用被催着还债——如果股东想要钱，他把股票卖给另一个投资者就好了。

有了国债以后，国王还需要管理国债的机构。一群伦敦的金融家想要以比政府证券更低的利率向国王提供 120 万英镑贷款，于是他们一拍即合。这些金融家获得特许，可以独家管理国债，并且有权发行以英镑为担保的票据或纸币，由此诞生了英格兰银行——这位"针线街上的老妇人"虽是一家私立机构，但也是国家机器的一部分。到了 1760 年，有六万证券持有者投资这个国家的未来，国家和资产阶级喜结连理——这是现代化的又一标志。

借债抵了战争的部分花销，而税收（财产税、消费税和关税）更是担起了重任。百年以来，行政权和立法权从未如此协调统一，这使得英国国王对于外交、战争、海军的资助在全欧洲都无人可比。然而，凡事都是有代价的。财产税主要落在了地主（尤其是绅士阶级）而非商人头上，由此，18 世纪的英国政坛开始了为控制外交政策的长期扯皮。托利党觉得国会过度剥削他们的土地来支付战争费用，因此主张和平；而辉格党代表经济、贸易和帝国的利益，更积极主战。那些两边都不靠的人则蹲在角落里，和多塞特伯爵一起抱怨"故事或长或短，傻瓜许是辉格，混蛋定是托利"。

战争不仅需要钱，还需要内部团结，由此促成了英格兰和苏格兰合并的《联合法令》（The Act of Union）。尽管这两个小岛在共同君主的统治下像连体婴一样共生了一个多世纪，但在1700年时这种状态濒临瓦解，他们需要决策是真的联合起来，还是干脆彻底分开。1707年，这两个王国心不甘情不愿地放弃了千百年来对彼此的嫌弃，某种程度上走到一起，原因有两个：（1）英格兰不能接受最后一位信仰新教的斯图亚特君王——安妮女王去世后，苏格兰人接回流亡的詹姆斯二世之子詹姆斯·斯图亚特，再次让法国在英格兰背后捅刀子；（2）苏格兰商人迫切希望进入英格兰及其殖民地市场。根据法令，苏格兰有权保留法律制度、当地政府、长老宗，以及印刷苏格兰纸币（所以至今和英镑长得不一样）的权力，但需要放弃议会，以换取554个威斯敏斯特下议院席位中的45个，同时可以选16名苏格兰贵族加入上议院。

对于占据三分之一领土和六分之一人口的苏格兰来说，《联合法令》着实令人光火。苏格兰在这个新组合的财富中所占份额颇微，而苏格兰的商人们由此获得了接手不列颠及其新兴帝国的天赐良机，于是他们迅速采取了行动。这个名为大不列颠的新政体，构成了欧洲最大的自由贸易区，还拥有了一个新旗子：即圣乔治十字和圣安德肋十字的合体。（1801年合并爱尔兰，圣博德十字也加了进来，便有了如今的米字旗。）不是所有人都赞赏二者的合并：乔纳森·斯威夫特（Jonathan Swift）把这个新共同体称作"双龙骨船"，并且预言"内斗会使整个王国翻个底掉"（他或许是对的——详见本书第220至222页内容）。

威廉三世去世11年后，英法在《乌得勒支和约》（The Treaty of Utrecht）下暂时停火。彼时，英格兰已经成为大西洋和地中海的霸主，拥有直布罗陀、梅诺卡岛，以及纽芬兰和新斯科舍的一大

股东挤满英格兰银行

片新大陆领地，还从西班牙手里抢来了一些南美商贸，同时迅速成为新大陆主要的奴隶贩子。船只从利物浦港口出发驶向非洲西海岸，载满军火、纺织品和各种小玩意儿换取奴隶；再运奴隶到西印度和美洲大陆换取朗姆酒、糖浆和白糖；然后带着一箱值钱的货物回家。这趟三角之旅利润丰厚（一个奴隶一生可以造一吨糖），因为基本属于空手套白狼，而且加勒比的甘蔗种植园非常不健康，奴隶主需要不停地补充劳动力。

不列颠还拥有全世界最大的海军，所有人都承认它对于不列颠在欧洲乃至全球的军事地位意义重大，却没人愿意为其买单，尤其是在和平年代。英格兰银行拿来的一半钱都用来建造这座由

300 支军舰和五万名水手组成的战争机器上，对它的日常维护是这个岛屿最大的单一产业。然而，象征不列颠新权势的丰碑并不是海军，而是马尔伯勒公爵约翰·丘吉尔的私人住宅——布莱尼姆宫。丘吉尔是全国最杰出的将领，几乎一人玩转反法联盟，让路易十四屈居膝下。安妮女王对他感激不尽，又给头衔又给钱，为他建造了地球上最大、最宏伟的私人豪宅。公爵在 1721 年去世时，十分厌恶他的乔纳森·斯威夫特曾赋诗一首①：

> 速速前来，尔等空虚，
> 国王之息，主宰沉浮；
> 浪潮之下，随波逐流，
> 速速前来，把握命运。
> 放下骄傲，接受惩罚，
> 名晋之徒，徒有其名；
> 洋洋洒洒，不义之财，
> 尘归于尘，土归于土。

但是布莱尼姆宫（位于伍德斯托克 16000 英亩的皇家庄园中，距离牛津 8 英里）可不仅仅是一个占地 5 英亩、华而不实的炫耀之物，每位游客需要来眼见为实；它更是不列颠奥古斯都时代，在商贸往来和帝国财富的驱动下狂妄自大、骄奢无度的狂欢象征。

---

① 节选自乔纳森·斯威夫特的长篇诗歌作品《咏斯威夫特教长之死》。

布莱尼姆宫——眼见为实

伦敦，"世界百货商场"

如今人们看到的伦敦是从 1666 年那场毁了三分之二个城池的大火中涅槃重生的。它的重建倚靠巨大的商贸财富，用的不再是草木，而是砖石。这场重生是贵族、商人和开发商的杰作，未经王室或中央指点。伦敦在全欧洲独树一帜，因为它是英国政府所在地，是当时世界上最大帝国的心脏和国际商贸的中心。论当年的规模、财富、声望、地位，时下任何城市都不可与之匹敌。历史上可与之相提并论的，恐怕只有古罗马或者拜占庭时期的君士坦丁堡（如今的伊斯坦布尔）。没有什么能比它更好地展现出 18 世纪大不列颠商贸的恢弘。1700 年，伦敦和巴黎并列为欧洲最大都市；50 年后，伦敦就以 67.5 万的人口数量将巴黎远远地甩在了后面。伦敦之于英国的地位是其他国家的首都不可比拟的，她拥有全国十分之一人口，比 60 个最大的省级城镇加起来都大。伦敦向外延展，越过中世纪城墙，成为世界上第一个将穷人与富人分开、住宅与工商业隔离、并且拥有优质郊区——即如今的西区——的现代化大都市。

那场大火席卷了老城的五分之四，火势一路向西穿越中世纪城墙，直抵皇家法庭和林肯律师学院东边的费特巷。87座教堂、44座市政厅、皇家交易所、13200间房屋，连同远处看依旧宏伟、近处看支离破碎的圣保罗老教堂，通通化为乌有。短短三天时间，正如塞缪尔·佩皮斯（Samuel Pepys）在日记里写的那样："这是我见过的最凄凉的景象。"1710年，新圣保罗教堂完工，展现出启蒙运动时期关于上帝和人类的新的诠释。克里斯托弗·雷恩（Christopher Wren）和他恢弘的圣保罗大教堂让这座老城重获新生，但是城市的核心已经从中世纪的中心移到了西区，那里"有很棒的广场，街道又直又宽敞，房子又新又漂亮"，路铺得整整齐齐，点着煤油灯，非常适合有品位的人。而乌烟瘴气的老城和工业东区就让其随风而去吧。

西区从王宫和威斯敏斯特周边的贵族产业中发展而来。南安普敦伯爵开发了布卢姆斯伯里，以及大英博物馆（原来是南安普敦的城镇住宅）和伦敦大学附近区域。圣奥尔本斯（St. Albans）伯爵建造了圣詹姆斯广场；贝德福德伯爵建造了科文特花园；莱斯特伯爵建造了苏治区（Soho，用于狩猎）和莱斯特广场。托马斯·邦德（Thomas Bond）爵士冠名了邦德街；杰拉德勋爵则修建了杰拉德街；继承了梅费尔住宅区上百英亩土地的理查德·格罗夫纳（Richard Grosvenor）建造了格罗夫纳广场，那是全伦敦最大的广场，现在却是美国大使馆的所在地。[1]

西区寸土寸金，于是有了乔治时期又窄又深的四层小楼——地下室用作厨房和仆人食堂；一层和二层用来会客；三层和四层

---

[1]　美国驻英大使馆已于2018年搬到伦敦九榆树区33号。

119

一个 1773 年的"通心粉"

是主人住的地方；阁楼当作托儿间或者仆人卧室；后院还有条小道，盖有马厩（放在今天就是尊贵的大车库）。就算是有钱人家也供不起私人花园，于是公共广场成为标配。如果说游客穿越伦敦全程都有青草做伴，这未免有些失真，但这座拥有众多花园和广场的城市确实是全球最开放的都市之一。19世纪末，那些俯瞰贝德福德、伯克利、汉诺威、格罗夫纳广场和整个梅费尔的优雅豪宅被分割成了公寓和联排住宅。然而时至今日，乔治时期西区的精彩生活依然铭刻在那些房屋门前的牌匾里：印度的克莱武死于伯克利广场45号（年仅49岁，传说是过量食用鸦片，但更可能是割喉自杀）；诗人约翰·德莱顿（John Dryden）住在杰拉德街44号；而塞缪尔·约翰逊博士的老宅依然在弗利特街旁的高夫广场。乔治时期的伦敦浮华遍地，新财富们沉迷于无比浮夸的服饰妆容。

"通心粉风'①风靡一时，女士们都要甘拜下风，这场出现在18世纪70年代的风潮，在一首嘲讽小诗里记录下来："花花公子洋基，帽上别着羽毛，叫它通心粉条。"

西区是上流社会的堡垒，远离那些在老城、泰晤士码头和脏兮兮的工业东区的苦劳力。伦敦港掌控着全国80%的进口贸易和86%的再出口贸易，每天都有1400艘船抢500个船位。1750年，伦敦的酿酒厂（盛产布思牌〈Booth〉和戈登牌〈Gordon〉金酒）、制糖厂和啤酒厂每年耗用65万吨煤，这些啤酒厂产出700万桶各式各样的啤酒和麦芽酒。托马斯·奇彭代尔（Thomas Chippendale）先生雇了400名学徒做家具和5000名工匠做手表，每年产出12万只手表，占全球产量的一半（瑞士在19世纪才超过英国）。与此同时，东区则在生产肥皂、胶水、油漆、染料等"臭烘烘的玩意儿"。而在18世纪60年代的西区，安妮女王的男仆威廉·福特纳姆（William Fortnum）和他的好朋友休·梅森（Hugh Mason）一起开了间杂货铺，240年过去了，它依然是全伦敦最可爱的食品店。同时期，威廉·哈姆利（William Hamley）在霍本高街开了一家被称为"挪亚方舟"的玩具商店，随后在摄政街设立分店，这家店今天仍旧在那里。而老海军詹姆斯·克里斯蒂（James Christie）在蓓尔美尔街拥有了一间办公室，使之可以与苏富比的创始人塞缪尔·贝克（Samuel Baker）以及其他60家拍卖行同台竞技。1706年，卖茶、咖啡和巧克力的R.川宁（R. Twinings）在河岸街开了第一家商店，至今仍是西区缴税时间最久的纳税人。1757年，帽子学徒詹姆斯·洛克（James Lock）娶了老板的女儿，还以自己的名字冠名了有81年历史的帽

---

① 原文为"Macaronis"，指18世纪中期效仿欧洲大陆时尚的英国花花公子。

子老店。这家店在 1805 年给纳尔逊做了一顶三角帽，用独特的"眼罩"设计掩饰了上将的独眼。他的店现今仍坐落在圣詹姆斯街6号。

作为世界金融中心，伦敦挤满了代理商、经纪人、贴现行、汇款行、黄牛党和投机者。尼古拉斯·巴尔邦（Nicholas Barbon）在17世纪80年代创建了第一个火灾保险公司，砖房每年收取2.5%的保费，木房子每年收5%；爱德华·劳埃德（Edward Lloyd）则设立了海上保险公司，十年后开始印制伦敦最源远流长的报纸——《劳埃德船舶日报》（*Lloyd's List and Shipping Gazette*）。几百年来，劳埃德先生的保险生意生机勃勃，从新的劳埃德大厦（1986）中就可见一斑。那座仿若从科幻小说中走出来的建筑，更像是炼油厂和星际火箭杂交的"钢铁怪物"，而非世界上最古老的保险公司所在地。

18 世纪的伦敦混乱、危险、酒气熏天。泰晤士河的海盗每年劫走东印度公司价值 25 万英镑的货物。这座城市拥有 8659 家白兰地酒家和 5875 个小酒馆。各种暴动更是习以为常。那是一个贵族被暴动碾压的时代，并且大多数暴动都发生在伦敦，因为伦敦是国会所在地，更因为庞大的人口数量为暴动提供了温床。

有支持约翰·威尔克斯(John Wilkes)的暴乱，支持他改革国会，并将进程公之于众；有反对给予犹太人公民身份的暴乱；也有关于历法的暴乱（1752 年英格兰正式采用公历制，将 9 月 3 日改成 9 月 14 日，并且将新年从每年的 3 月 25 日改为 1 月 1 日。民众因此暴动，想要找回失去的 11 天）。愤怒的人们纷纷朝乔治三世扔烂苹果，掀翻贵族的马车，包围了国会大厦。1780 年，因立法赋予天主教徒些许宗教信仰自由，爆发了著名的戈登暴乱，曼斯菲尔德法官的假发被揪掉了，约克大主教的长袍被扯破了，诺森伯兰公爵的钱包和手表被三个冲入上议院的人偷走了。为了阻止民众焚烧天主教徒的房子，海德法官自己的房子被夷为平地。新门监狱受袭，囚犯一哄而散，整座监狱都被烧毁，就连大法官和首相的宅邸也没能幸免。长达一周的暴动因一家天主教酿酒厂失火而走向高潮，燃烧的金酒酒桶满地打滚，每个人都喝得酩酊大醉。暴民们最后袭击了英格兰银行，使得政府不得不出兵镇压，将这场狂欢引入终结。幸运的是，对于资产阶级和西区民众来说，寡头政治已风雨飘摇，正逐渐走向毁灭。

那就是 5 千——加 10 天，因为我们改到公历制啦！

四个乔治中的两个

（1714—1760）

资产阶级掂量了一下，觉得已经实现了国王、国会和立法权的完美平衡（这种平衡正是在美国经历了无数劫难才在宪法中确立下来的三权分立），自此任何形式的政府改革都几乎不可想象。英国在18世纪形成的体制是天时、地利、人和的产物，并不断发展演进，到18世纪中叶，已广受资产阶级和西区民众的喜爱。在这个权力运行的中心，是一个几乎不会讲英语的国王，他对国内外政事毫无兴趣，除非涉及他的心头好——汉诺威的选民。

鉴于汉诺威选帝侯乔治一世是詹姆斯一世的曾外孙，也是仅存的斯图亚特支脉，身为新教徒，他在54岁高龄之时登上了英国王位。1701年，安妮女王六个活下来的孩子中的最后一个也离开了人世，于是国会通过了《王位继承法》，指出国王不能是天主教徒（如果今后有国王皈依天主教或与天主教徒结婚，需要通过议会法案才能使之合法化），并将由汉诺威-斯图亚特一脉继承王位。1714年，乔治即位，一不小心就解决了君主复辟和光荣革命遗留下来的宪法问题，即该如何处理制定自己政策的国王和使这些政策在财政支持下得以实现的国会之间的貌合神离。答案在于乔治一世和二世的性格——或者说性格缺陷。

国王的首席顾问负责制定王室政策并获得国会支持，于是有了首相一职。首相需要具备三点素质：（1）他必须讨国王喜欢，因为国王有权选择自己的顾问；他必须能进入内阁，毕竟国王还是名义上的统治者；他还掌握王室任免权，包括年收入、头衔、津贴、挂职、政府职务，以及海陆军的订单；（2）他可以基于自己的人缘和能够影响（买通）上下议院的王室任免权，获得国会大多数支持，为政策筹集资金；（3）他必须有主持内阁的执行力，并能够将内阁变为一个有效的执行机构。事实上，不列颠原本没有首相一职，通常由财务主管作为国王的首席顾问，后来才有财政大臣负责主持内阁，对国王负责。直到20世纪早期，首相才被确立为一个独立的职位，在礼仪等级上排在约克大主教之后，随后内阁获得了法人主体地位，并为其决议承担集体责任。

首相不仅仅是政策制定者，还是能够在令人头大的选举制度中获得成功的政客。这个制度如一团乱麻，完全没有体现当时发生的人口变革。几个世纪以来，中世纪城镇（即英国自治市镇）已沦为小村落，却依然和快速发展的工业城市平起平坐，甚至有的城市在下议院根本没有席位。极端情况下，有些自治市镇都已经消失了，却还可以往国会派代表；有些村落都搬迁或沉入海洋了，却还能在空地上搭个帐篷或者在海上划个小船进行选举；有的城镇有男性普选权，但大多将选民限制在500人以下，许多地方只有市长和公务员才能投票。在这样的选举制度下，选民可以随意被收买，导致下议院的一半席位都来自被154个人操控的"口袋选区"。

如今看来这个制度混乱不堪，但在18世纪却恰到好处。那个年代的哲学教父约翰·洛克（John Locke）曾写道，所有政府的目的都应是保护"生命、财产和自由"。（"追求幸福"是美国改良版的洛克配方。）"财产"包括各类资产——土地、金钱、出身、地位和工作，社会中拥有最多"财产"的人，应该在政府中拥有最响亮的话语权，因为政府的目的就是保护财产。而君主拥有这个国家最有分量的头衔，同时也拥有最大片的土地，理应对于政府

乔治一世试戴英国王冠

如何运营最有发言权。同理，上议院也是为了保障大贵族们得以发声而存在。而小一点的地主或者资本家则可以通过下议院表达自我，但下议院的 307 个席位被 154 个有钱有权的大贵族掌控也不足为怪。1716 年，议会的任期从三年延长至七年（如今是五年），这样更简单也更节省，毕竟选举很费钱，国王的首席大臣和自治市的市长们都要想方设法控制下议院。18 世纪时，才没有人会管什么平等一致、公民应享有投票权，或者政府应为每个人代言之类的鬼话。

此外，既然政府是资产阶级的政府，军队和教会就应该为资产阶级服务，军队绝不能再像内战时一样倒戈相向。查理二世一登上王位，统治阶级便引进了买爵体系，军衔待价而沽，由此保证军官都是有经济实力的绅士。只有海军是个例外，晋升很大程度上靠的是军功，所以在那个年代，海军明显比陆军表现好得多。即便如此，包括威灵顿公爵和马尔博罗公爵在内，不列颠最英勇的将领们都是靠钱进的军队。教会也是一样。英国教会成为了资产阶级的大本营，为地主的次子们提供场外援助，宣扬服从，支持社会不平等：如果你"步行穿过一片庄园，那是非法入侵；如果骑马穿过同一片庄园，你一定是绅士"。

操控或者可以说塑造了这个政治体系的人，就是在乔治一世和二世统治时期制定王室政策、关照国会同盟、还对自己大加褒奖的罗伯特·沃波尔（Robert Walpole）爵士。一代人（1721—1742）都被这个醉醺醺的风流领导以美国风格管理着，他吹嘘自己"非学者、非圣人、非改革者"，国内外政策都基于那句著名的格言——"别惊动睡着的狗（不要惹是生非）。"（乔纳森·斯威夫特换了一句话表述："压抑美德，颂扬卑劣，卖国求荣。"）沃波尔的政治遗产镌刻在两幢建筑中：一幢位于他作为第一任财务主管受乔治二世赐予的唐宁街10号（以毕业于哈佛的开发商乔治·唐宁爵士的名字命名），另一幢则是他在诺福克的霍顿庄园，那是一幢非常恢弘，但又十分典型的帕拉迪奥^①式建筑。房子里摆满了新艺术风格的装饰和绘画，后来被他孙子卖给了俄国沙皇，现在是圣彼得堡艾尔米塔什博物馆珍宝的一部分。

1739年，沃波尔的那些睡着了的乖狗狗们被新一轮国际战争吵醒，除去短暂的中场休息，这场冲突一直持续到了1815年。多方势力一时难分敌我，终于在1756年形成双方阵营：英格兰和普鲁士队对战法兰西和奥地利队，后者偶有俄国和西班牙外援。狗狗们为三块骨头争执不休：（1）中欧出现了一个极度狂躁的国家——普鲁士，用拿破仑的话说，"简直就是从大炮里孵出来的"；（2）对乔治一世和乔治二世来说，汉诺威侯国的王朝危机十分严重，不惜以卷入不列颠为代价；（3）英法在印度和新大陆之间的商贸和殖民竞争愈演愈烈。1756年，欧洲爆发七年战争，但其实两年前，这场战争就已经在美洲大陆打响，弗吉尼亚民兵乔治·华盛顿中校率领一小队人马在俄亥俄河上（如今的匹兹堡）搭建军事哨所，被已经率先到达的法国人逮了起来。一年以后，大不列颠企图为华盛顿报仇，却被法军收拾得溃不成军，爱德华·布雷多克少将（Edward Braddock）在争夺法国据点的时候受伏身亡。

后来法国军队占领汉诺威，希望在战争结束时可以以此胁迫不列颠返还法国的殖民损失，战争于是由暗转明。但是，法国人打错了如意算盘。以不列颠的军事经济实力，加上罗伯特·克莱

---

① 安德烈亚·帕拉迪奥（Andrea Palladio，1508—1580），意大利建筑大师，以其名字命名的建筑风格在西方建筑史上产生巨大影响。

武（Robert Clive）在印度得势（他的铜像矗立在国王查理街，俯瞰圣詹姆斯公园），沃尔夫将军在加拿大所向披靡，以及威廉·皮特的战时指挥，大不列颠在 1763 年的冲突中脱颖而出，成为世界第一超级大国。根据《巴黎条约》，法国不得不放弃加拿大和布雷顿角，以及阿勒格尼山脉和密西西比河中间的土地，还要把新奥尔良和密西西比河以西的路易斯安那州给西班牙；作为交换，西

沃波尔的政策

班牙将把佛罗里达州交给不列颠。法国在印度也一败涂地，不列颠成为主导印度的欧洲强权，为其后统治整个次大陆铺平了道路。某位新帝国的美国公民曾骄傲地说，不列颠"今时的财势地位，是半个世纪前最乐观的爱国者也梦寐难求的"。

不列颠缩水：美国革命
（1776—1781）

然而，胜利是短暂的。只用了一代人，不列颠就失去了最重要的殖民地——美国沿海地带和从法国手里抢来的最值钱的区域，因为：（1）不列颠从来不懂如何管理她那辽阔的帝国；（2）没人喜欢领头羊，欧洲各国亟待削弱这个新的超级大国；（3）就像埃德蒙·伯克（Edmund Burke）在下议院说的那样："大帝国和小心眼是并存的疫病。"

帝国的败落源于国内的动荡。1760年，乔治二世那个品德高尚、读书过多的22岁孙子继承了王位。第三个乔治打乱了40年来沃尔夫和皮特定下的传统，即国王通过首席大臣制定政策、统治国家。作为第一个土生土长的英国乔治，乔治三世背弃了"可怕的侯国"汉诺威，以"不列颠"为荣，他要当自己的首席执行官，将他的国家从道德崩塌中拯救出来，重塑"美德、自由和荣光"。结果是内阁软弱、政策无序、政治争端没完没了。更糟的是，乔治企图通过一群在国会的同伙和一个靠忠诚度（而非政治或管理才能）选出来的内阁行使宪法赋予的权利来管理国家，这就意味着不再有首席大臣可以保护君主免受政治中伤了。人们认为乔治此举意在重蹈王室暴政，谋求君主复辟，颠覆光荣革命赢得的自由。国会内外都表态，要求限制国王的权力，尤其是王室任免权，并且要改革腐败的选举制度，免得国王把太多的同伙搞到国会里。随后殖民问题也搅了进来，引发致命一击。

1763 年和平协议之后，大不列颠发现自己拥有了一个比本土大三倍的帝国，但却没有与之相匹配的政策。这片土地面积更大、财富更足、人口更多，对母国的繁荣也越发重要。1700 年，共有 25 万英国佬——或者说每 17 个国王的子民中就有一个——在美洲殖民地生活。三代之后，这个数字膨胀到了 170 万，即每 4 个人中就有一个，他们每年消费的英国商品贸易额和提供的原材料总值从 53.2 万英镑上涨到 280 万英镑。这片土地的贸易量占据了英国进出口总额（不包括欧洲大陆）的四分之一左右（略多于印度，少于西印度群岛，等同于爱尔兰）。如此利益攸关，是该好好想想部分与整体之间的关系了。不幸的是，当时的政策稀里糊涂、含糊不清。就像现代经济理论之父亚当·斯密说的那样："只顾眼前得利，忽视了殖民地的想法和需要，把太多东西当作了理所当然。"

确实，不列颠太过于理所当然。七年战争留下了胜利的荣光，但也让她精疲力竭，税收和 1.33 亿英镑的债务更是让她直不起腰。乔治三世精打细算的内阁郁闷地发觉，在这场生死搏斗中，美洲殖民地几乎没做任何贡献，可他们却是不列颠从加拿大赶走法国人的最大受益者。同时，殖民地在不列颠海军的保护下越来越富有，越来越独立；最讨厌的是，他们还十分挑衅地同敌方的加勒比甘蔗岛进行非法贸易。他们至少应该为捍卫和管理国家出一份力吧——唯一的问题是怎么能在拔这只殖民地鹅毛的时候尽量控制它的音量。

经过一系列失败且恼人的尝试后，不列颠政府决定，对报纸和法律文书征收印花税，减少但依然对加勒比蔗糖征收进口税，以筹集 14.5 万英镑，或者说三分之一保卫美洲的花销。理论上讲，这些税收合情合理：花在海军上的钱可以防止走私，进而保障蔗糖的进口税，而且只有那些负担得起的有钱人才会受新印花税影响，这对英国人和殖民者来说一视同仁。但结果却相当悲惨：在没有走私的情况下，税收增长了 200%，而殖民社会中最有话语权的律师、出版商和商人最受打击。随之而来的惨叫声和义愤填膺的呼喊震耳欲聋："如果税收就这样随意地加在我们头上，连个法律代表都没有……那我们不就从自由的子民沦为可怜的进贡奴了吗？"于是，殖民地联合抵制不列颠商品，国会中批判之声此起彼伏，"没有代表就不缴税"的殖民地呼声和反对国内暴君统治的声音搅为一团，政府终于败下阵来。1770 年，政府废除向殖民者征缴印花税和所有进口税（除了茶叶，以示国会仍然有权对殖民地征税）。

和大多数冲突一样，争执的旋涡是对彼此的误解。不列颠政府对美国殖民地一无所知。波士顿的詹姆斯·奥蒂斯（James Otis）先生曾经抱怨过帝国的管理者甚至不知道牙买加"在地中海，波罗的海，还是在月亮上"。七年战争让不列颠以为美洲殖民者都是一群讲求沙文主义式独立和以自我为中心的人，这些人根本不能理解"自我牺牲，为共同事业奋斗"的思想。很多英国佬预测："北美的众多殖民地水火不相容，很快将会有一场内战席卷整个大陆。"而且国王和他的内阁对本杰明·富兰克林的警告嗤之以鼻，富兰克林说过，服从不在于"要塞、城堡、守卫或军队"，而在于人心，殖民者"是一条绳上的蚂蚱"。而另一边，殖民者过高地估计了自己对于英国商品的重要性。他们想要一个联邦制的帝国，乔治三世掌管着平等且独立的各个组成部分，这些部分因商业利益团结在一起，忠于共同的国王，而这与现实中不列颠在威斯敏斯特唯一的帝国国会大相径庭。

随后的三年，母国和殖民地之间的紧张情绪一直处于小火慢炖状态，直到不列颠"灵机一动"想要再轻轻地拔一下鹅毛。东印度公司陷入财务压难，政府于是允许它直接将茶叶卖到美国去，无须通过伦敦的中间商。每个人都应该从中获益：东印度公司可以获得可观的收入，殖民者可以买到便宜的茶，政府也能捞一笔。不幸的是，像某位史学家描述的那样，殖民者"怀疑黄鼠狼给鸡拜年，没安好心"。就算减价促销，国会还是要收茶叶税，而且还拖垮了那些像波士顿的约翰·汉考克（John Hancock）先生一样的美国爱国商人们的茶，现在他们都要破产了。如每个热血的美国人所知，结果就是342箱印度茶叶倾入波士顿港。

1773年的波士顿倾茶事件不只是一场破坏行为，更是具有深远象征意义的表态。在查尔斯顿、纽约和费城，东印度公司的商船被拒之门外，整个殖民地烧掉的茶叶比倒入波士顿港的多得多。1773年，茶是国民饮料，国会对茶征税影响到每一个人。结果，对茶叶的一致抵制吹响了统一的号角，马萨诸塞州殖民地公开表态，说茶是"腐败罪恶的（不列颠）政府向这个幸福的国家输出专制和奴役的毒器，每个人都应当抵制"。殖民者终于找到了能为之奋斗的共同事业，这也解释了为什么如今的美国人爱咖啡胜过爱茶。

对于这件事，乔治三世和他的政府大为光火，就连国会的反对派也受到了惊吓。殖民者不仅藐视了国王在帝国国会的权威，还侵犯了私人财产，而众所周知，政府的主要目的就是保护财产。

诺斯勋爵强行给殖民者灌茶

国会一致投票通过，下令关闭波士顿港所有航运，撤销马萨诸塞州特许状。为了执行这些决议，还从俄亥俄河召回了军队，将管理权和治安权转交给了魁北克省政府，将约翰·伯戈因（John Burgoyne）、亨利·克林顿（Henry Clinton）和威廉·豪（William Howe）这个注定战败的蠢货三人组派到波士顿指挥不列颠军队。此举惹怒殖民地：波士顿因为维护殖民地权益而受到暴政惩罚，而且管理权被转交给魁北克，明摆着蓄意阻碍殖民地向俄亥俄河谷和密西西比河以西地区扩张。

乔治三世和他的首席大臣、诺斯勋爵、第二代吉尔福德伯爵腓特烈（塞缪尔·约翰逊博士曾讥讽道："倒不是说他总是做错的事，但他总是在错误的时间点做事。"）无法对一开始发生在列克星敦和康科德的小冲突负责，也不能对 1775 年 6 月的邦克山惨败解释负责，更不必说来年的《独立宣言》了。

　　不列颠政府在三千英里开外，深受下属懦弱无能的毒害。他们作战的方式、他们在国内的宪政危机，以及他们对于这场冲突的本质和严重性的误判——"美洲土著软弱无能，根本无法作战"，使战败在所难免。不列颠没想明白到底该通过胁迫还是协商让殖民地重回帝国的怀抱，或者该如何去做。但有一件事他们很确定：要以最便宜的方式实现目的。战争和诺斯勋爵的政府越来越不得

"我可能打不着东西，但这一枪足够响亮。"

民心，一来由于战争阻碍贸易，二来由于这个国家有一大帮人支持殖民者，还有部分原因在于国会的反对派认为这场战争是国王的战争。结果，不列颠的应战真是"又少又迟"。海军正在一场要求打开航线的争端中胡乱扑腾；将军们从来没有足够的人力物力；策略从来不协调一致；指令从来没能上传下达；随后内战升级为世界战争，所有海上大国——法国、西班牙、荷兰——都加入到对"背信弃义的英国佬"的打击报复中。

1781 年 10 月 19 日，康沃利斯侯爵（后来成为印度总督）在陆上被乔治·华盛顿封锁，在海上被法国军舰包围，于是这场构思有误、情节恶化的战争在约克敦糟糕地完结。他投降时，不列颠乐队十分契合地奏响了《世界天翻地覆》①——超级大国真是遭到了奇耻大辱。那个时候没人意识到世界不只"天翻地覆"，而是永远改变了。假如不列颠获胜，并让 13 个殖民地留下来，那么欧洲乃至世界历史都将超乎想象。

两年之后，1783 年 1 月 20 日，不列颠以 18 世纪最流行的妥协方式与所有参战方握手言和。她无法掩饰失败——失去了美洲沿海殖民地，但还是很满意——通过把密西西比河以东的所有土地交给她曾经的殖民地，并将佛罗里达州还给西班牙，阻止了劲敌法国重获北美领土。此外，不列颠仍然是全球经济巨头；在 1783 年后的 15 年间，她和失去的殖民地之间的贸易往来翻了一倍（而且她不用再花钱保护或者管理他们了）；她在新大陆失去的，在世界的另一端补了回来——詹姆斯·库克船长在 1768 年至 1771 年间发现了澳大利亚和新西兰。这场混乱不清的战争和不列

---

① 《世界天翻地覆》（*The World Turned Upside Down*）是一首英国民谣，创作于 1640 年代中期，最初用来抗议英国议会有关庆祝圣诞节的政策。

颠人的包容真的很神奇，他们竟能接受乔治·华盛顿的雕像如此醒目地伫立在特拉法加广场附近的国家美术馆前面。

四大革命：
工业、农业、人口和思想

大不列颠是美国大革命（不列颠人称之为"独立战争"）的输家，但却是另一场革命的大赢家。她是世界上第一个经历工业革命的国家，攫取了身为领先者的硕果。非比寻常的工业发展让她在与拿破仑的决斗中获胜，更为穿越 19 世纪的不列颠治世奠定了基础。但即便是第一，不列颠也是闭着眼睛闯进这场革命的，而且付出了巨大的代价。

工业革命，最明确的定义就是用燃煤的蒸汽机、沉重的钢铁设备，以及被时钟和口哨管制的劳动力来大大提高人类生产效率的革命。蒸汽和钢铁彻底改变了生产和社会，创造出超乎想象的财富，将农业劳动力转变为城市无产阶级，将小乡村转变成工业化大城市。每个人观点不同，有人认为工业巨兽激发出了经济社会动能和人类的聪明才智，而有的人则认为它是"迈达斯的诅咒"①，创造了"贩卖奴隶的道德氛围"。

还有三个革命，虽非由工业革命产生，但与之并驾齐驱，即农业革命、人口革命和宗教信仰革命。第一，人们在理想主义者和农场工人（而非农场主）嘹亮的挽歌中，摒弃了古老的中世纪公社式农耕，将土地私有化，把分散的土地聚集成更有效的一大

---

① 迈达斯是希腊神话中的战神，具有点石成金的本领，他所触碰的一切东西都会变成金子，这给他带来巨大的灾难。

块，并引入科学的繁育和耕植技术，使产量增长了50%。第二，食物供应增长带来前所未有的人口膨胀。18世纪下半叶，人口从770万增长到1050万，并在随后的半个世纪再度翻番。第三，宗教复苏，改变了人们的精神世界，将地狱之火引入工业贫民窟，在随后的一个世纪成为维多利亚道德观在家庭、工厂、政治中的精神基础。1660年，作为英国国教，重建圣公会在心理和生理上都与资产阶级和大贵族媾和。它宣扬尊重服从上级，为有钱人家的次子们提供轻松的牧师营生，还喜欢做些又无聊又絮叨、根本没人听的布道。去教堂是一种社交习惯，而非精神体验。1738年，约翰·卫斯理（John Wesley）倡导更广泛的宗教信仰，直接对话灵

无论如何，大不列颠变了，懂得崇拜新的工业巨头了

138

魂而非思想，无论贫贱皆可获得救赎，宗教信仰的氛围随之发生了改变。他被自己的教会排挤，一位出离愤怒的女伯爵曾抱怨："太可怕了，我们的心灵竟和那些匍匐在地上的可怜虫一样罪过！"后来，他创立了循道宗，为新工业城镇日益增长的人口带来美妙的圣歌和重生的基督。这种改变使人们获得巨大的精神满足，让法国大革命的平等主义理想在不列颠的工人群众中难以立足。

单从数据无法看出革命带来的情感冲击，但可以展现出它的恢弘。那个世纪的最后几十年，工商业生产率提升了 160%，国际贸易额翻了三番。棉花消费量呈指数式增长：1770 年时 800 万英镑，1795 年时 3700 万英镑，1830 年时 2.5 亿英镑，有 5000 万工人在棉纺厂谋生。高炉也有类似的增长，从 18 世纪中期的 20 台增长到 1830 年的 372 台，那一年全欧洲四分之三的煤产自英国。工厂生产十分高效，纺织厂里的 750 个生手能顶过去农舍里的 20 万个熟练工，两个工人操作一台花边机就能顶一万个手工编织者。到了 1850 年，不列颠占据了全球贸易额的 25%，把纺织品、手表、餐具、瓷器、蒸汽机和枪械运往世界各地。乔赛亚·韦奇伍德（Josiah Wedgwood）先生祈祷"风浪"能将他制作的精美瓷杯和瓷盘送到"目的地"，并为这些器具的广泛传播和深受喜爱而欣喜若狂，但他并不是个例。

短短两代人，这个国家便被城镇居民占领。1800 年时，法国有 11% 人口居住在城镇，而英国有 27%；到了 1850 年，英国有一半人口为了更高的工资涌进了像棉花产业之乡曼彻斯特这样的工业化城市。1757 年的曼彻斯特是个有 17000 人口的繁华小镇，到 1800 年，人口膨胀了六倍，50 年后更是超过 30 万人口。伦敦经历了类似的爆炸式增长。世纪之交，伦敦人口还不到百万；50

年后，整个国家 11% 的人口，即 240 万人居住在这里。城镇化，尤其是新工业城市的城镇化代价惨重：没有下水道、没有排水沟、没有路灯、没有公园。房子都是挤在一起的豆腐渣工程，没有通风设备，为了节省地下室的成本，房子经常建在沟渠上，那些地下室"并非用来储物，而是用来住人"。目击者称，工厂主、银行家和律师纷纷逃离这些污秽之地，将城市抛给"酒馆老板、乞丐、窃贼和妓女，还未雨绸缪地留下一支警队"。尽管如此，这些污秽的下水道里涌出来的可都是黄金。[不列颠有许多铁路和工业博物馆，但是什罗普郡的铁桥是最棒的户外展览，也是世界上第一座铸铁桥（1779）所在地。]

无论如何，大不列颠变了，学会崇拜新的世界主宰了。从都铎时代起甚至更久前形成的那套有机的、家长式的、等级分明的、以家庭为中心的古老社会体系一扫而空，整个王国进入了 19 世纪流动的、孤立的、竞争激烈的大众世界，每个人都想要生存，他们要么加入阶级意识极强的工会和可以影响公共政策的群众政党，要么充分利用起这个倡导自立、勤奋、理性与好运的自由经济。

法式革命

不列颠在社会巨变中挣扎之时，海峡对岸的法国发生了另一场革命。那里，迷人却无情的三姐妹——自由、民主、博爱——先把王国变成了共和国，后来又变成了帝国。政治革命挂上法国标签本就足以让不列颠望而却步，而法国理想引发了政治恐怖，人们把国王送上了断头台，自然神论掺杂着无神论开始崭露头角，让所有的不列颠改革派无言以对。1793 年，两国之间的争斗一旦涉及人权就会变为争论，随后一代英国人都在一首可怕的寓言小诗中聆听"智者一言足矣"：

> 聪明点吧，勇敢又文明的不列颠，
> 没有潘恩 ①，你们依旧幸福。
> 我们没有暴君，我们无所畏惧，
> 那些时兴的谬论，在这里可行不通。

1793 年，不列颠不得不迎接一种新的战争——这是一场既要占领欧洲之身，也要捕获欧洲之心的战争——但一如往常，不列颠像欧洲其他国家一样又慢又笨，过了好久才反应过来法国革命已经灾难性地颠覆了国际力量平衡（并极大提升了法国作战的能力），也改变了战争的性质和目标。18 世纪时，军队都是由社会上最不具有生产力的人（贵族、无业游民和犯罪分子）组成的半雇佣军，他们为了边界、领土、社会地位等非常有限的目标而战。

而法国大革命让一切发生了改变，一个武装起来的国家诞生了。全民皆兵是现代军队的雏形，在这里每个公民都是战士，每个战士都是公民。爱国主义被铁一般的纪律取代，正如一位历史学家所言："法兰西从公共事业体变成了女神。"她的崇拜者愿意为之奉献生命。战争走进所有人的生活，涉及社会各阶层，"年轻人上场杀敌；已婚者制造武器；妇女做起帐篷……并在医院提供服务；（最重要的是）老年人……鼓舞士气，宣扬共和统一，咒骂国王"。战争的目的不再是赢几场仗后维持现状，而是要彻底击垮

---

① 托马斯·潘恩（Thomas Paine），英裔美国思想家、作家，著有《人的权利》。

敌人，重塑社会；不仅要打击不列颠军队，更要打压"她的风俗、她的习惯、她的文学、她的宪法"。在不列颠和她的伙伴们——荷兰共和国、奥地利、普鲁士、西班牙，偶尔还有俄国——在法国的恐吓中惊醒之前，法兰西的思想和军队，无论是以新共和国还是拿破仑帝国的名义，都已席卷西欧。

更多与法国的战争
（1793—1815）

大不列颠最终在这场长达 22 年（1802 年至 1803 年间有一次短暂的中场休息）的煎熬中获胜，这和不列颠在战争中的英勇表现关系不大，更多的在于这三个平平无奇的原因：（1）不列颠拥有一支由 400 艘军舰和 12.9 万名船员组成的海军得以封锁并绞杀法国；（2）不列颠拥有足够的经济资源，让她的小伙伴们在每次被拿破仑挫败时都能够重整旗鼓；（3）不列颠的工商业实力使她的产品和转口贸易对欧洲大陆来说不可或缺。拿破仑只能求助于新形式的经济战，即封锁英国对整个欧洲大陆的出口贸易。他要求欧洲为了法国官兵反复强调的自由、民主、博爱所带来的模糊不清的好处，而放弃糖、咖啡、茶叶、巧克力，以及所有从不列颠船上运来的食物和从英国工厂流出的工业品。显然，时代站在了这个坚决不为法国屈服的小岛一边。（拿破仑曾经计划过在英吉利海峡下面建造一条隧道来攻击他的敌人，但没能成功。）尽管代价高昂（消费税翻了两番，土地税增加了一倍，对于所有 60 英镑以上的收入施行累进税，债务从 2.47 亿英镑飙升至 8.61 亿英镑，加上粮食歉收、通货膨胀、经济混乱，数十万人处于饿死的边缘），大不列颠还是在 1815 年取得了胜利。

不列颠深陷于此番挣扎，差点忽视了自己一不小心卷入了一场与前殖民地之间的战争。起因在于英国对美国船只进行的搜查，以防止走私（从法属殖民地运来的商品），并搜查叛逃后受美国船主雇佣的英国海员（不列颠急需海员补充海军）。尽管美国"宪法号"护卫舰重创了英国"战士号"护卫舰（一艘被不列颠俘虏的法国战舰），尽管不列颠军队甚至攻占了华盛顿，点燃了白宫，还激发美国创造出全世界最难唱的歌《星条旗》（*The Star-Spangled Banner*，由一个英国佬作曲的），但这场所谓的 1812 年战争几乎没在不列颠历史上留下任何痕迹。据说当有人和一个 20 世纪的英国佬提及他们国家曾经烧过华盛顿时，他会说："真的吗？我知道我们烧了圣女贞德，还烧了乔治·华盛顿？"

对于不列颠史来说，比袭击美国首都更值得纪念的是 1801 年建立联合王国，像 1707 年的苏格兰一样，法国的威胁使爱尔兰并入了更大的大不列颠。发起合并爱尔兰的是小威廉·皮特（William Pitt），他是七年战争期间不列颠领导人朴实勤奋的二儿子。小皮特自 1783 年美国大革命和诺斯勋爵辞职起担任国王的首席大臣，他是一名根深蒂固的行政改革派，及时对王国的财政进行了改革，使不列颠在这场与法国的长期决斗中再次成为欧洲的金主；他在印度遏制腐败，为建立英属印度军（一位总督，一小撮管理者，一支由英国人指挥的、庞大的、训练有素的印度兵部队）打下基础。

皮特在爱尔兰遇到了企图打破不列颠封锁、登陆翡翠岛、支持爱尔兰地方性叛乱的法国势力。他的解决方案是将两个岛屿联合在一起，并给予天主教全面的信仰解放，允许他们进入威斯敏斯特国会。他的政治联合成功了——100 名爱尔兰议员加入下议院，28位贵族（终身制）和4名主教进入上议院——然而，宗教解放却失败了，很大一部分原因在于乔治三世认为赋予天主教投票权有悖于其捍卫英国教会的加冕誓言。爱尔兰还要再等上28年才有权向国会派送天主教代表，从此再也无法让信仰天主教的爱尔兰放弃其认同感，心甘情愿地融入联合王国了。

最后的胜利与和平协议
（1815）

拿破仑帝国梦中的世界没有英语，以法语为尊，以巴黎时间取代格林尼治时间，但这个梦想在他1812年入侵俄国时崩塌了。1814年，巴黎被占领，那个科西嘉小胖子被撵到了厄尔巴岛，来年他又回来做最后的挣扎，企图让法国再度回归巅峰。而威灵顿公爵——命令军官不要拿着雨伞作战，认为他的军队是"由败类组成"的，还很神秘地宣称在伊顿公学的球场上赢得了战争的胜利——（在布吕歇尔将军领导的德国军队的帮助下）给予了法国最后一击，1815年6月18日，拿破仑终于在滑铁卢惨遭挫败。他被发配到了南大西洋的圣赫勒拿岛，那个小岛杳无人烟，除非有人偶尔前去观测星象，或者在去印度的长途旅行中歇歇脚。

这场战争让大不列颠（如今的联合王国）成为全球无可争议的工商业巨头，但她依旧执拗于18世纪的价值观。战争期间，她获得了荷兰、法国、葡萄牙和西班牙的殖民地，现在可以悉数归还，但需要执行维也纳和平协议下的三套老旧原则：正统、补偿和势力均衡。就正统而言，路易十八的波旁王朝复辟，法国重新回到了战前边界，没有遭到瓜分。补偿方面，奥地利、普鲁士、俄国这些列强把他们的魔爪伸进了弱者（今日的德国、意大利和波兰）的口袋，掏出了肥美的果实。最后，为了确保适当的势力均衡、阻止未来法国入侵，荷兰和比利时结成联盟（仅持续到 1831 年），撒丁王国获取热那亚共和国，形成未来意大利统一的核心。作为回报，不列颠颇有风度地返还了大部分殖民地（美国的教训让她明白为殖民地花管理费和军费实在不值），只留下了途经印度不可或缺的边边角角，其中最著名的就是好望角。即便这个协议并不能让除了不列颠以外的其他欧洲主要势力满意，但它保证了随后的一百年内再没有发生世界战争。

战争余波
（1815—1832）

　　拿破仑·波拿巴窝在那个距离非洲南部西海岸 1100 英里、面积 47 平方英里的火山小岛上，用他余下的六年时光学习英语。而不列颠人则在回忆军事外交胜利、展示战利品和建造胜利纪念碑中打发时间。大英博物馆新翼摆上了包括从法国俘获的罗塞塔石碑在内的一大批埃及古董。整个国家感激涕零，赐予了"铁公爵"①皮卡迪利 1 号（即阿普斯利邸宅），并在那里安排上了戈雅绘制的一尊恢弘的威灵顿公爵骑马肖像，一座大到失真的拿破仑裸体雕像，以及一场纪念埃及战役的奢华晚宴。为纪念霍雷肖·纳尔逊（Horatio Nelson）在特拉法尔加大败法西联合舰队，特别建造了一个大广场，广场中央摆了一根 167 英尺高的大柱子（对于一个总

---

① 威灵顿公爵的外号。

拿破仑在圣赫勒拿岛上百无聊赖，只能学英语

是晕船的水手来说，这可有点危险），上面站着上将 17.5 英尺高的雕像，周围环绕着 4 只铜狮，还有比全世界任何地方都多的鸽子。陆军总司令并非威灵顿，而是乔治三世无力还债的儿子约克公爵，他给自己也搞了一根特别棒的柱子（在蓓尔美尔街旁边的滑铁卢广场），放上了他魁梧的雕像。据伦敦某位智者称，他之所以把自己摆在一个 112 英尺高的基座上，是为了防止他的债主找他要债。晚些时候（1878），克丽欧佩特拉方尖碑（纽约中央公园那座有 3500 年历史的方尖塔的孪生姐妹）被运抵伦敦，摆在了泰晤士河旁边的维多利亚堤岸，那是埃及政府庆贺纳尔逊在尼罗河战役中大败法国军队的礼物。

　　为了证明不列颠对于纪念碑的品位不仅局限于雄性勃起一般

的擎天柱，乔治四世和维多利亚先后转向用拱门纪念帝国昔日的荣光。大理石拱门起先是约翰·纳什（John Nash）为了装饰乔治新装修的白金汉宫设计的。不幸的是，纳什量错了尺寸，拱门不够国家仪仗队通行，只能将其挪到泰伯恩。那里过去是刑场，现在是海德公园的北入口。在公园的另一端是另一座胜利纪念碑——宪法拱门，曾经是威灵顿公爵骑像的支柱。但他在1912年被赶了下来，取而代之的是更具普遍意义的胜利象征。公爵只能凑合用阿斯普利邸宅对面的一块地，和英格兰银行前面的另一尊骑像了。

不管不列颠建了多少座胜利纪念碑，和平与胜利依旧是一剂苦药，现代保守主义之父埃德蒙·伯克曾经警告："一个没有变革手段的国家，也就没有了自我保护。"政府把任何经济社会改革都当作法国革命一样如临大敌，受此钳制，不列颠无力处理一系列战后经济问题——价格下跌、贸易下滑、失业率提升、粮食歉收、救济成本直冲云霄、暴民包围国会叫嚣着"拒绝饥饿！拒绝地主！"——以及应对工业化带来的人文和政治变革。整个社会坠入低谷。1819年，曼彻斯特发生暴力冲突，军人骑着马、挥着剑冲向六万名举着"不自由，毋宁死"横幅的男女老少，造成11人死亡，400人受伤。一个极端情境下，老式的农舍工人，尤其是纺织工，极度憎恶使他们赤贫或落魄的机器和工厂时代，由此转向暴力；而另一个极端下，那些原先地主的马童，现在成为能买下土地、房子、公园、马厩的工厂主，他们希望新的工业财富——而非旧的土地所有——能在政治和国家政策中说话算数。

街头巷尾蔓延着不安。像亚当·斯密、杰里米·边沁、大卫·李嘉图、托马斯·马尔萨斯这样的学者们创造出了全新的革命思想，宣扬自由贸易和供给需求铁律，倡导将个人从历史和政府限制中

英国社会的两个极端

解放出来的经济、道德利益，相信"国家是个体的总和，文明是个人的提升"——这与16世纪的身体政治和家长式国家相差甚远。最终，血腥思想作为不列颠阶级意识骁勇善战的标志逐渐兴起，贵族、工业家和工人们互相鄙夷中伤，只在乎自己的幸福和快乐。

闸门大开
（1832）

政府虽然愿意为了人道主义和宗教愤怒做出一些让步——解放天主教、去除王室任免权、废除整个帝国的奴隶制，当然，出于对财产的尊重，总共补偿了奴隶主两千万英镑（超过国家年度军事预算）——佢还是固执地反对任何形式的政治变革。直到1832年，老旧势力才屈服于社会变革。他们害怕如果下议院不改革的话，"贵族和绅士，以及所有拥有资产的人"会被"毫不留情地送上断头台"，他们恐慌会有新贵族进入上议院推动立法改革，于是辉格党领袖、第二代格雷伯爵（有一种芳香茶以他的名字命名）领导的下议院勉勉强强地（以一票之差）通过了1832年《改革法案》，废除或重新分配了140个自治市的下议院席位，以反映18世纪的人口和工业变化。同时，将所有自治市的选举流程标准化，房主或者缴租10英镑以上的人都拥有投票权。在一些郡，过去选举权仅局限于那些土地年产额在40先令以上的人，现在拓展到了富裕的佃户。苏格兰的独立立法更夸张，将选举人口从4000提升到了6.4万。

表面上看，《改革法案》很不错，但是从没有哪一场政治革命

在社会工业变革前，老旧势力让路了

如此不卖力气，或者说收获甚微。即便给予了上层中产阶级投票权，英格兰的选民比例从十分之一提升到了六分之一，但是新选民们依然坚持不懈地将旧贵族代表送回国会。随后一段时间，下议院依然是绅士们的私人会所（到 1911 年才发给他们工资），直到 1874 年，每届内阁成员基本上都是贵族。大地主或许丧失了对于国家选举制度的控制权，但是直到土地为他们带来的巨额财富逐渐消失，其政治影响力才随之减弱。19 世纪 70 年代，不列颠农业被来自美国、加拿大、阿根廷的廉价粮食和肉类压垮，贵族们的收入直转急下。即便如此，1895 年，仍有 2500 个地主拥有 3000 英亩年产 3000 英镑以上的土地；其中 115 个是特权阶层，再其中 65 个是贵族，他们拥有超过 5 万英亩的土地，而其中 7 个公爵、3 个侯爵、3 个伯爵、1 个男爵和 1 个准男爵则拥有 10 万英镑以上的收入。显然，直到 1914 年第一次世界大战，"贵族之名"在不列颠依旧响亮。

《改革法案》虎头蛇尾，然而另一场革命在悄无声息地发生，旧政治体制所依存的原则发生了改变。统计均一性取代了过去的个体特质性。那些在社会中拥有最大利益（或财产）的人不再拥有毋庸置疑的治理权。一种定量的而非定性的政治方法开始出现。最具破坏性的是有了一个先例——宪法可以被改变。正如一位年长的评论员在回忆往昔时所言："闸门在 1832 年打开，从此川流不息。"

通往政治民主的愤怒之路
（1832—1913）

1867 年，城镇工人获得选举权，选民人数增加了一倍（从 130 万到 240 万），随后 1884 年，农村劳动力也获得了选举权，选民人数再度翻倍，政治改革的洪流奔腾不息。然而，直到 1918 年，30 岁以上妇女可以投票了，英国才实现普选。到了 1928 年，国家才承认无论年龄、性别、受教育水平或财富，每人都有权投出一票的原则；1948 年工党政府完成了对这个可以追溯至詹姆斯一世的陈旧选举制度的最后一击——废除了牛津和剑桥在下议院的席位，随之而去的还有牛津和剑桥毕业生在普选中的两票选举权。

下议院顺应了民主潮流。而上议院却与经济社会变革的浪潮擦肩而过，直到 1909 年至 1911 年的宪政危机，上议院否决了自由党政府的社会主义预算，险些赔上了自己的性命。1832 年以后，上议院的规模和秉性都发生了改变。越来越多的老派贵族开始投资工业，他们的社会地位开始被一众寻求社会尊重的工厂主、银行家、航运人和酿酒商取代。1909 年时，上议院的 630 个席位是保守党的堡垒，也是那个日益民主的年代中突兀的体现。W. S. 吉尔伯特（W. S. Gilbert）和亚瑟·沙利文（Arthur Sullivan）写过一篇小歌剧讽刺这些贵族。在《约兰特》（*Iolanthe*）中，一帮傲慢的贵族们扬扬自得地唱道，他们是"立法的典范，不列颠的栋梁"，但却害怕自己的贵族地位受到挑战，于是很明智地和他们美丽的新娘们一起飞到仙境去了。现实中可远没有那么识趣，他们陷入了一场与自由党领导的下议院的权力斗争中，结果伤亡惨重。

下议院通过了财政大臣劳合·乔治（Lloyd George）的"民众预算"，准备为新一轮与德国的海军竞赛提供经费，同时资助国民医疗、失业保险和养老金，随即将争执引入高潮。糟糕的是，所得税将会是政府收入的主要来源；更糟的是，这个税对富人加征"额外税"；糟中之糟，还要对售卖土地征收20%的资本利得税。这个预算卡在了世袭贵族那儿，劳合·乔治可瞧不上这些人，经

立法的典范，不列颠的栋梁

常质问他们凭什么坐在上议院。他说他们没本事，"他们不需要健康证明，不需要身心健全。他们只需要出生证明，证明他们是一窝崽子当中第一个出来的。你选狗都不这么选。"1909年，上议院以350票比75票的结果否决了这一预算，由此引发宪政危机，因为自打1676年起就默认上议院不干涉财政法案。随后举行的两届大选加上400名新贵族造成的威胁，才使得上议院偃旗息鼓。当38.5摄氏度（不列颠史上最高气温）的热浪袭来时，上议院不仅接受了这个预算，还接受了剥夺其否决权的1911年《国会法》（The Parliamentary Act）。长此以往，下议院的意志至高无上。上议院的权限缩减至可以延迟财政法案1个月，其他立法2年（后来减到1年）。国会实际上变为一个单院制机构，至少在理论上，反映了民众的声音。

保守党 vs 自由党：
迪斯雷利 vs 格莱斯顿

不列颠的执政方式发生了改变，选民们可以通过唯我独尊的下议院表达自己的意志了。1832 年以前，国会里面都是高度个体化的议员，他们自称为辉格和托利，全凭良心或个人利益投票。偶尔在危机时，才会团结成一种类似于政党的组织，即便在 1832 年，这些独立个体还是会经常跨越阶级红线。上下议院的辉格党都很怀念光荣革命，他们愿意接受温和的政治改革，而且像在 18 世纪一样，倾向于同情工商业利益。在他们中间有两个小团体：哲学激进派（古典自由主义的支持者，详见本书 P160—168）和一小群在丹尼尔·奥康奈尔（Daniel O'Connell）领导下的爱尔兰天主教议员，他们在 1829 年《天主教徒解禁法》（The Catholic Emancipation Act）后加入下议院。激进派支持不记名投票、扩大选举权、废除圣公会作为英格兰和爱尔兰国教，以及反对政府对于自由运行（即所谓的经济"自然法则"）进行干预。而爱尔兰人之所以与辉格党为伍，是因为奥康奈尔觉得他们最有可能允许爱尔兰自治。即便各自心怀鬼胎，在 19 世纪五六十年代，威廉·尤尔特·格莱斯顿（William Ewart Gladstone）还是凭借着自己巨大的人格魅力和高尚的道德情操组建起自由党。

相比之下，辉格党更同质化些。他们反映了埃德蒙·伯克的理念，尊重历史，认为政府是"那些现存的人、已故的人和未来的人之间的合作关系"。随着大众民主的出现，在本杰明·迪斯雷利（Benjamin Disraeli，1804—1881）"戏精"般的领导下，他们宣扬不列颠将成为世界上最伟大帝国的恢弘愿景，承担起对于普通民众的家长式责任，还把自己的名字（及其反动寓意）从托利党改成了保守党。

两个政党都需要响应并反映选民的意志，他们都拥有精心设计的机制调动追随者的投票。由于全国大选越来越依赖于组织和资金，而非参选者的个人品质，议会中的各党派从松散的个人演变成紧密团结在忠诚和金钱周围的集体组织。管理同僚、根据党派意愿从国会获得选票的组织秘书，和为组织代言的领袖便可以一手遮天。曾经一度，首相是国王的首席大臣，用迪斯雷利的话说，"天知道他们如何并为何"获得多数支持。现在，首相是议会中那个在全国大选中获得最多选票的政党的领袖，国王也没办法，只能接受他作为首席大臣。

自从美国大革命那场悲剧以来，国王干预政治决策的权力持续下降。王室任免权经历改革直至枯竭，国王的大臣们没办法再在下议院组建王党，加上乔治三世的癔症，加快了王权下降的进程。1829 年，时任首相的威灵顿公爵曾抱怨说："没有政府能在没有奖励机制的情况下继续下去，巧妇难为无米之炊啊。"到了维多利亚统治时期，不列颠变成了披着君主制外衣的共和制政体，国王仅限于"被咨询的权力、鼓励的权力、警示的权力"，然而在女王冗长的统治中，她始终喜欢多管闲事，让她的大臣们非常崩溃。

君主的脾气不再是主要的政治考量，首相的秉性倒成了民众日益关注的热点，即便英国首相从未像美国总统一般需要媒体审查。1860 至 1880 年间，有两个人在英国的政治舞台踱上踱下，他们之间的区别好像狮子和独角兽一般。本杰明·迪斯雷利生在一个意大利的犹太中产阶级家庭，他们家皈依了英国国教。他在进入议会之前先后试着做过律师和小说家，都失败了。他娶了个比自己年长 12 岁的有钱老婆，并凭借着自己的智慧、魅力和才干爬到了被他称之为政治的"登峰造极"的顶端。当问到他的政治立场时，他会如实地说："在我头顶上。"

对于维多利亚来说，他"充满诗意、浪漫和骑士精神"，他承认自己像"用泥刀"抹腻子一样给女王上了太多眼药，由此赢得了她的芳心。只有在聚光灯下，像个花花公子一样"穿着绿色天鹅绒长裤，金丝雀色的马甲，鞋上带着银扣，腕间挂着蕾丝，还顶着一头卷发"，他才满意，一点儿不像一个保守党首相。相比土气的国内政策，他极度偏爱洋气的外交政策，并且从头到脚瞧不起格莱斯顿，他曾这样解释不幸和灾难："如果格莱斯顿掉进泰晤士河里，那是不幸；如果有人把他捞出来，那就是灾难。"

相反，威廉·格莱斯顿（1809—1898）有很强的宗教信仰，他的父亲是一个有钱的利物浦商人，22 岁时他差一点进了内阁，却在国会赢得了席位。作为唯一能够在下议院演讲时把预算讲得天花乱坠的人，他做财政大臣如鱼得水。从改造妓女到爱尔兰自治，他凭着一腔宗教改革者的热忱，发起了一系列行动，此外他坚持严格的加尔文式职业道德，经常每天工作 15 个小时，业余爱好是砍柴。作为首相，他不奉承女王，而是教导女王，女王曾经抱怨格莱斯顿拿她当作"公开课"。甚至他想幽默都笨手笨脚，有一次他因为迟到和维多利亚道歉时开玩笑说他有三只手：左手，右手，和"有一点后手"。让女王不开心的是，他作为"元老"（对于政敌来说，这是"上帝唯一的错误"）担任过三届首相，而迪斯雷利只有两届。[首相之争已经化作青铜。格莱斯顿有两座青铜像，其中一座高 16 英寸，放在 38 英寸高的底座上。但这两座铜像都不在政府或者帝国的核心地带——一座在河岸街与奥德维奇

本杰明·迪斯雷利实现了他的梦想，成为一名首相

格莱斯顿坚持不懈

街（Aldwych）之间，另一座在老城的堡教堂（Bow Churchyard）。迪斯雷利只有一尊展现其贵族妆容和嘉德勋章的纪念像，摆在国会大厦对面，由另外四名首相环绕，包括丘吉尔和帕默斯顿。]

格莱斯顿和他的竞争对手不同的是，他始终坚持不懈，直到1894年差点用爱尔兰自治毁了自己30年前几乎一手创立起来的自由党。90余名自由党议员打破阵型，投票反对爱尔兰自治，他们先成立了自己的政党——自由统一党，随后又跑到了保守党。不仅爱尔兰独立危在旦夕，自由党也在经历一场变革。曾经坚定地支持自由党的大财团，如今对传统的自由主义理论心怀不满，转而投向保守党。那个领导反对自治的约瑟夫·张伯伦本身就是超级富有的伯明翰实业家，他不相信神圣的自由主义和自由贸易理念，这可绝非偶然，他支持保护关税，宣扬"开化"，以及帝国主义的经济利益，他把帝国当作仅对不列颠商品开放的市场，这所有的立场都更接近保守党而非自由党。

不列颠治世和世界第一超级大国

约瑟夫·张伯伦生活的那个年代，会让人觉得活着真好，尤其是当不列颠人和有钱人。19世纪通常被称作不列颠世纪、不列颠治世，1850年至1875年是不列颠的黄金年代，工业技术和资本主义的工作操守，在要求严格的加尔文主义上帝的强化下，联合起来响应托马斯·卡莱尔（Thomas Carlyle）的号召——"生产！生产！即便是产品中最微不足道的部分，也要以上帝的名义生产！"古老的生产问题解决了，突然之间，这个小岛成为世界工厂，全世界都拿着钱包找上门来。不列颠出口的价值在1840年至1870年间惊人地上涨了282%，占全球制造业产能的33%。不列颠控制了世界贸易的25%，当时60%的轮船上都飘扬着米字旗。地球正朝着符合不列颠经济和帝国利益的方向缩小。1870年，伦敦和加尔各答之间有了直接的电报往来，帆船变成了蒸汽船，还有了104英里的苏伊士运河（1875），于是到达印度的航程从数月缩短至了几周。

在那个黄金年代，不列颠生产全球50%的棉，60%的煤，70%的钢。出口飙升7倍，进口也是一样，一位令人敬畏的经济评论员曾夸耀道："全世界很多地方都想成为我们的部落。"卖方市场没有竞争，利润喷涌而入，然后再投到海外挣更多的钱。1870年，已有8亿英镑投向海外进行全球工业化，这是一个非常短视的政策，但利润颇丰。不列颠为美国铁路系统提供资金，1857年拥有价值8千万英镑的美国铁路股票。到了世纪之交，海外投资总额达200亿英镑，而排名其后的法国和德国才分别有87亿英镑和60亿英镑。

在国内，工资涨幅远远跑赢物价，不仅催生繁荣的国内市场，也让社会积极稳定：

为科学和她的女仆蒸汽祝福！
他们让乌托邦照进现实。

世界上第一场国际盛会，即1851年世界博览会，由维多利亚女王的技术宅老公阿尔伯特亲王组织筹划。展览中央是一个1848英寸长、408英寸宽、108英寸高的铁和玻璃结构水晶宫，看起来更像个大温室而非展览馆。这个结构由德文郡公爵的首席花匠约瑟夫·帕克斯顿（Joseph Paxton）设计，解决了一个差点搅黄这次博览会的环保争论。之前的设计方案都需要砍掉海德公园的树，而帕克斯顿的玻璃房子只需将它们包在里面。如一位历史学家所写，博览会的目的，不仅仅是展示不列颠工业的优越性，"而是向所有外国参观者宣扬自由贸易和世界和平的福音，以及不列颠制度的荣光"。

1851年如此自豪地宣扬"世界和平"是出于理想而非现实。19世纪有太多结局悲剧的"小"战争。鸦片战争是英国炮艇发起的先发制人的突然袭击，令有着几千年历史的中国蒙羞，使这个国家向西方（主要是不列颠）的经济入侵敞开了大门，允许利润丰厚却实际违法的毒品流向几亿中国人。普奥战争和普法战争使德国统一在普鲁士的统治下，并且从法国手里抢走了阿尔萨斯-洛林地区，于是未来75年法德关系都不大友好。美国南北战争中，由于不列颠仰仗南部棉花，险些加入南方阵营，这场战争改变了美国历史的进程。［后来为弥补，复制了奥古斯特·圣-高登斯（August St. Gaudens）设计的摆在芝加哥的林肯雕像，并将其放在了国会广场。］19世纪上半叶的一系列迷你战争让不列颠在印度的控制权翻番，同时，打压了印军中的士兵叛变（1857—1858）（24万本土士兵对战4万名不列颠军官），从此改变了不列颠统治印度的方式。执政者从半独立的富商以及像印度的克莱武这样的地方长官，变成了死板的（如果这样说准确的话）公务员，他们执拗地将西方文明输出给次大陆。E.M.福斯特在他那本著名的描写种族冲突的20世纪小说《印度之行》（A Passage to India，1924）中，捕捉到了这个全新改版的统治，他的主角说道："我们不是来这里享乐的……我们是来伸张正义、维护和平的……"当被批判这些是"神的"情操时，他答道："印度人喜欢神。"

19 世纪战争中最大的个例是克里米亚冲突（1854—1856），除此之外很难想象到更莫名其妙、无关紧要的争斗了。不列颠同他不随和的小伙伴法国和土耳其，因为一些无论是当时还是后来的历史学家都说不清道不明的原因与俄国开战——似乎是和希腊东正教有关，同时防止"欧洲病夫"土耳其被俄国吞噬。这场冲突就像大象要和鲸鱼打仗。他们在黑海的克里米亚半岛乱扑通，也经常在不列颠小报上登头条，但效果甚微。他们都很难为军队提供补给，不列颠只能依靠由一个法国刺儿头司令官领导的法国兵，这位司令曾有理有据地否认了不列颠对战争的努力，以及不列颠骑兵旅有勇无谋也冲去挡俄国枪子儿的行为，他觉得这诚然是一场壮举，但却把战争当儿戏。

　　唯一有功的英国人是弗洛伦斯·南丁格尔（她拎着一盏不合时宜的古老油灯的雕像矗立在小摄政街尽头的滑铁卢广场上）和她的护士们，她们竭尽所能缓解被忽视了的不列颠军人们的伤痛。大部分不列颠医院条件十分可怕：充满霍乱、伤寒、痢疾、蛆虫、老鼠，2000 人共用 20 个夜壶。这场战争还流传下来三件衣物：不列颠士兵戴的巴拉克拉瓦帽（一种到肩的编织帽），英军总司令拉格伦勋爵（Raglan）设计的插肩袖外套，以及骑兵旅首领卡迪根勋爵（Cardigan）设计的开襟衫。卡迪根勋爵在 1836 年花了 3.5 万英镑买了一个陆军中校的职衔，又花了 1 万英镑给他的士兵们买了樱桃色的裤子，使之成为不列颠军队中穿得最漂亮的军团。他在克里米亚战争期间一直住在自己的私人游艇上。卡迪根还曾身先士卒，在一场杀戮中奇迹般逃生，那场战争中 673 个人只有 195 人生还。（战后，卡迪根把马蹄做成了银色浮雕墨水瓶，还把马头挂在了老家北安普敦郡迪恩公园的墙上。它们现在仍供游客参观。）

"杰克！家里传来好消息，我们要有块奖牌啦！"
"真好，也许有一天我们能穿件大衣戴它！"

在那样一个动荡不安的年代，大不列颠作为全球唯一的霸主，忽视了欧洲的不满，将自己裹在自满的茧中，遗世独立。不列颠拥有横跨三个大洋的海军，全世界无人能敌，外交大臣帕默斯顿勋爵曾自信地说："不列颠子民无论在哪里，都应该相信英格兰警惕且强壮的臂膀将保护他免受不公的待遇。"（即便如今美国最接近超级大国，也从未言出必行地做出过这样的承诺。）

乐观主义，古典自由主义和维多利亚道德观

我们有太多值得骄傲和开心的事了。医学上，麻药的使用极

大地减轻了人类的痛苦，同时约瑟夫·李斯特发现需要保持伤口清洁才能避免感染，自此手术不再害人，改为救人。天花和霍乱这两大杀手，在1870年得到控制，于是死亡率从24.1%下降到18.8%。随处都可以感受到进步，从工资铁律到牛顿万有引力，一切的一切都是仁慈却机械的天主的杰作，整个宇宙都简洁有序，"它的运动没有不确定性，也没有神秘感"。

政治上，世界似乎处在一个新时代的边缘。古典自由主义及解决人类烦恼的四大灵丹妙药是那个年代毋庸置疑的福音，它们是国家间的自由贸易（事关不列颠巨大的自身利益）、肉体和灵魂的自由流动、免费教育，以及政府的无为而治。约翰·斯图亚特·密尔曾这样概括这个理论："每个人都是他自己、他的身体、他的意志的主宰……唯一名副其实的自由就是以我们自己的方式追求自身的利益……"然而密尔还加了个尴尬的条件，并引发了无穷无尽的争论，"只要我们不剥夺其他人的自由，或者影响其他人获得自由。"

在解放个体、鼓励自助（顺便节省国家资金）的口号下，诞生了一种新的社会概念，政府引进功利主义原则，并最大限度地提高效率。统计和理性规划的时代初见曙光。1834年整改了贫困救济，废除了工资补贴和物价管控，以及对于自然经济的那些无凭无据、咸吃萝卜淡操心的干预。设立了官办济贫院，作为极度贫困的最后救济，也是一种社会教训，毕竟授人以鱼不如授人以渔。19世纪70年代，论功行赏取代了军队中的买爵体系；在军队中废除了鞭刑；引进了绚烂夺目的军团制服，提高了军事效率，反映了陆军新的社会地位。难怪吉尔伯特和沙利文的龙骑兵在小歌剧《耐心》（*Patience*，1881）中如此唱道：

1850 年的不列颠雄狮，或者说自由贸易的好处

> 当我第一次穿上这身制服，
>
> 我看着镜子中的自己说道：
>
> "它真是万里挑一，
>
> 我的身型体态远超
>
> 任何一个平民……"

　　公共选举采用了匿名投票，以遏制个人影响。并且从 1880 年起，小学义务教育免费，确保了所有孩子都有机会参与到新工业社会的建设。19 世纪 60 年代，开始进行文官队伍的选拔考试，

由此政府工作不再是出于个人利益，而是致力于公益事业，提供诚实、专业、高效的服务（至少大部分情况是这样）。各个阶层都更尊重法律，1850 年以后的伦敦是全世界最安全的城市之一。工人阶级突然变得可敬，他们组建起高级技术工人的工会，不宣扬社会革命，而是在资本主义阳光下追求更好的工资和生产条件。

这些改变大多是在自由主义改革的精神下完成的，当然维多利亚道德观也很重要，那是一种福音派的宗教信仰、边沁式的功利主义、假正经的性观念、浪漫精神，以及强烈的自我完善的可怕混合。宗教出版物呈爆炸式增长（那个世纪上半叶出版的每四本书中就有一本涉及神学）。亨利·菲尔丁（Henry Fielding）对于汤姆·琼斯出轨 ① 的调侃被寻求"寓教于乐"的维多利亚时期小说取代。1818 年，托马斯·鲍德勒（Thomas Bowdler）出版了《家庭版莎士比亚集》（*The Family Shakespeare*），删减了所有"少儿不宜"的语句，那可在我们游吟诗人的词汇库里占了相当大的比例啊！于是有个词叫作"鲍德勒化"（bowdlerize，意为"删除不妥的文句"）。中世纪精神吸引了维多利亚时期的想象力，沃尔特·司各特爵士（Walter Scott）的浪漫故事，尤其是《艾凡赫》（*Ivanhoe*）和《红酋罗伯》（*Rob Roy*），即刻成为畅销书。1834 年因为烧旧税档而遭焚毁的国会大厦（官方叫威斯敏斯特宫）也在童话般的新浪漫主义哥特风中重新站立起来。火车站（伦敦以有 15 个火车站为豪，是其他欧洲大都市的两倍）建得像一座中世纪教堂，将维多利亚时期的审美和技术完美结合，象征了上帝的祝福和人类的进步。（最典型的就是圣潘克拉斯火车站，它华而不实的样子和它的邻居——非常现代

---

① 故事来自菲尔丁的小说《汤姆·琼斯》。

运动从街头斗殴转变为绅士游戏

的大英博物馆——形成了鲜明对比。）那个"激进的、无宗教信仰的大学"——伦敦大学，于 1825 年成立，它试图动摇牛津和剑桥在英格兰教育的垄断地位（苏格兰有四所大学），以及他们排挤天主教、异教徒、犹太人的英国国教偏见，和对物理、化学、医学的忽视。这所新大学的课程不属于任何宗教派别，董事会里没有神职人员，并且获得了包括 J. S. 密尔和功利主义哲学家杰里米·边沁在内的中产阶级古典自由主义者的鼎力支持。边沁还将自己的骨架和他大腹便便的雕像捐献给了这所新机构。（目前都仍在展览中。）

体育运动从街头斗殴演变为绅士们的游戏，板球不再需要吵闹的观众，赌博变成了经典的英式消遣。就连拳击也成了一项文明的运动，规则从格外危险、毫无规则的拳打脚踢变成了戴着填充手套、限制在 24 英寸的方形区域内、符合昆斯伯里侯爵（Queensberry）规则的近距离接触。斗熊、斗鸡、公开绞刑让位于体育运动、音乐欣赏和海滨度假。不列颠久负盛名的公立学校（用美国话说就是私人寄宿学校）不再"培养恶习"，转而培育"第一，宗教和道德原则；第二，绅士教养；第三，智力能力"。

即便是经典自由主义下的自由主义国家也经不起道德、宗教和人道主义的猛烈攻击。六七岁的孩子在棉纺织厂和煤矿工作的惨况引起广泛关注，并引发记者们的哀嚎和国会的愤怒。第七代沙夫茨伯里伯爵积极响应，他认为"道德错误永远不可能政治正确"。（沙夫茨伯里大街是以他的名字命名的，皮卡迪利广场的基督教慈善天使雕像"爱神"，也是为了纪念他建造的。）1833 年，法律禁止纺织厂雇佣九岁以下童工，并且将他们的工作时长缩短至每天八小时，此外每天还要有额外三小时上学。九年以后，法律禁止 13 岁以下儿童和所有妇女（她们的半裸体实在惊人）在矿井工作。最终，在 1847 年确立每天十小时工作制，贵格会①棉厂商以及狂热的经典自由主义改革者约翰·布莱特（John Bright）坚决反对这一提案，认为这是"工人阶级的幻想"。这些法律剥夺了人们自由选择工作时长的权利，更糟的是，会让没工作的孩子们惹麻烦，滋生懒惰和犯罪。

政府监督员比这些法律更让布莱特烦躁，他们带着毋庸辩驳的事实和数据，成群结队地跑来执行新规。国家干预的幽灵严阵以待，1850 年《泰晤士报》指出："政府为了每一个劳动阶层的身心健康……是这个时代最有人性、最显著的特征之一。"国家开始以社会福利的名义管理公民。1830 年，国家预算是 5000 万英镑，其中 2900 万英镑用来还债（打赢拿破仑战争的花销），1500 万英镑作为军用，剩下的 600 万英镑用在其他方面——收税、执法、王室、外交和民生。30 年以后，其他花销翻了一倍多，跃至 1500 万英镑，主要是用于民生。

然而，19 世纪的不列颠坚守着自己的优先排序：动物，特别是蠢萌的动物，优于人类。先是国会在 1822 年颁布法律反对"不当对待家畜"，两年以后又成立了防止虐待动物协会（The Society for the Prevention of Cruelty to Animals）。（直到 1840 年维多利亚同意才得到王室冠名。）而另一方面，孩子们到 1884 年才受到同样的保护。时至今日，英国佬仍然喜欢狗狗甚过孩子，不久之前萨默斯（Somers）勋爵还在上议院抱怨禁止携犬进公园。他说："我很奇怪，为什么这些地方机构总是针对可怜的狗狗呢？怎么从来不管管那些无拘无束的小孩，他们在食品店里吃这个吃那个，拿

---

① 贵格会（Quaker）是基督教（新教）的一个派别。

着吃的到处乱逛。我觉得他们比狗狗脏多了。"

在人类的痛苦中，尤其是小规模的，或者是由人性之恶造成的，总是能够打动维多利亚时代的人心，无法被忽视；但如果是自然原因造成的，或者规模巨大，并且远离备受尊重的中产阶级家庭，则会遭受冷漠和误解。这就是死于1845年至1846年大饥荒中的150万爱尔兰人的命运。人口过剩（820万）、单一经济（土豆）、中世纪时期的基础设施，以及土豆晚疫病导致连续两年歉收，造成灾难性的饥荒和疾病。将近20%人口死亡（比在"一战"和"二战"中丧生的不列颠人还多），还有170万人口移民，大多去了美国，他们坚信饥荒是英格兰的阴谋，想通过灭绝人口来解决爱尔兰问题。这倒不是什么诡计，但就像维多利亚在她日记中承认的那样，只是一件"太烦，根本不想去想"的事情。尽管如此，这种记忆延续至今，一定程度上解释了美国为什么在最近关于北爱尔兰未来归属的冲突中，给了爱尔兰共和军大力的非官方支持。

那些备受尊重的维多利亚家庭可以对爱尔兰海对面的饥荒不闻不问，并且妄自断定饥荒是爱尔兰还在维持13世纪经济应付的代价，但却没那么容易忽视查尔斯·达尔文。他是土生土长的英格兰人，代表上层中产阶级，但是他的理念却动摇了维多利亚时期英格兰的思想根基，即深信人类是"千秋万代的天降子嗣"，即便工业技术带来了物质享受，但生命依然是仁慈的上苍指引下的精神旅程，《圣经》诠释了生命的目的。达尔文的两部著作——《物种起源》（1859）和《人类的由来》（1871），却让宗教"翻了车"。达尔文承认："我的神学观有些麻烦。我不能把宇宙当作误打误撞的结果，也看不到任何经过仁慈设计的痕迹。"达尔文是18世纪最后的启蒙思想家。牛顿将上帝请出了机械的、无情的宇宙运行，

跑得太偏的系谱学专家。
达尔文的理念动摇了维多利亚时期英格兰的思想根基。

达尔文则将他请出了生物界，他认为存在普遍统一的进化论：即为了生存，包括人类在内的所有物种都是相互联系、不断进化的。18世纪的英格兰始终愿意以骑士身份纪念艾萨克·牛顿爵士，尽管19世纪的不列颠允许查尔斯·达尔文和牛顿一起葬在威斯敏斯特大教堂，却始终不愿意给达尔文同样的待遇，但因为一些远不如此的成就，给他四个儿子中的三个封了骑士。（在六月初狄更斯节时参观肯特郡的天主教城市罗切斯特，依然可以窥见19世纪中期的不列颠，那时整个城市都会穿成小说里角色的样子。）

经济实质

（1875—1914）

经典自由主义坚持自由贸易、自由竞争、无政府干预，十分适合不列颠的工业化开端。但是 1875 年以后，经济势力失衡再次成为常态。那个世纪最后几十年，不列颠不仅为曾是全球第一个工业化国家付出代价，还默默咽下了资助别人工业化的苦果，一瞬间不得不面临三个新的工业巨头——德国、日本和美国，但却依旧用古董机器和陈旧技术与之竞争。美国和大多数欧洲国家用高关税保护新兴产业，不列颠却依旧执着于自由贸易理念，无论在国内还是国外都要与外国商品竞争。虽然英国的国内生产总值显著提升，但是其相对经济地位却直转急下。1880 年，不列颠生产出 100 万吨钢，占全球总产量的三分之一；到了 1902 年，钢产量翻了 5 倍，却只占全球总产量的七分之一。

这种情况有全方位的体现：1900 年，不列颠在全球制造业产出中所占比例下降了 4% 到 18.5%，而美国跃升了 9% 到 23.6%，德国则提高了 5% 到 13.2%。转口贸易也是一样，不列颠从 30% 下滑至 21%。整个世界的工商业市场在增长，但是不列颠的份额却越来越小，同时对世界其他地区原材料和食品的依存度却越来越高。原来这个世界没有不列颠的出口就活不下去，现如今不列颠却离不开其他国家。

不列颠为什么没能利用好她在工业化中的领先优势，而且在这场工业竞赛中表现得如此糟糕？这显然与设备过时和既得利益相关。当美国从煤油灯换到电灯时，不列颠还拎着她的煤气灯，很大一部分原因在于燃气公司的权势。矿井挖得越来越深，不列

或许是不列颠没能好好利用其工业领先优势的一个原因

颠煤矿的生产效率越来越低，矿主却不引进新的开采设备。结果就是利润枯竭、工资滞涨，这个行业成了滋生20世纪劳工运动的温床。同时，不列颠的厂商们没能意识到工业革命已经从生产阶段转向营销阶段了，他们没有积极的销售策略，不懂得及时为客户提供备件与保障原机器的质量一样重要。

在教育竞赛中，不列颠也同样落后。不懂得培训劳动力，也不懂得建立科学到技术的联系，更不用说让统治阶级学习科学技术。当时，为业余爱好者开设的古典课程占据主导地位，伊顿公学作为"与生俱来的优越感"的发源地，在1884年还以拥有28位古典大师为荣呢，但却只有6名数学老师，完全没有现代语言学或者科学导师。难怪世纪之交一位观察家曾经抱怨："上层阶级最聪明的人可能会从事任何职业，但就是不会从事工业——他们可能会进银行或者商铺，但不会进手上生茧的制造业。"不列颠人的社会理想绝对不是成为工程师、科学家或者实业家，而是做个有地的乡绅，不用努力工作，只需学学人文，做做公益。有此番理想，上层管理者每天十点上班、拿生意当儿戏、动不动就要摆谱做绅士，不列颠能在如此残酷的竞争环境中生存下去才怪咧。

新经济实质和工业化氛围是19世纪末20世纪初大部分重大事件和政策背后的原因。他们激发了新帝国主义及其对全球市场的争夺，使非洲惨遭欧洲主要国家的瓜分。他们促使不列颠结束光荣孤立，在欧洲乃至全球寻求同盟。贸易限制下大型垄断联盟崛起，自由党放弃反对政府干预经济社会生活，这些都与王国今时不同往日的经济地位息息相关。

新帝国主义

　　19 世纪后期，不列颠的帝国主义无论在形式还是精神上都与以往不同。曾经在美国殖民地、加拿大殖民地，以及后来的澳大利亚、新西兰殖民地定居的都是私营企业，这些殖民者决心在海外建立翻版母国——一堆新英格兰。结果就是用战争、疾病或者强制移民灭绝了土著人口——"只有死去的印第安人才是好印第安人。"而在印度，贸易公司自然而然地变成了帝王统治。不列颠商人到印度次大陆的时候正好碰上那里的政治真空期，如果他们想要保护自己的利益，就要填补这个空当。相反，新帝国主义从一开始就是公共的、政治化的。不列颠出于帝国主义和地缘政治，向非洲和全球其他地区派遣官员和士兵进行管理和"开化"。1870

不列颠的官员、士兵和传教士被派去管理和"开化"帝国

年至 1900 年，不列颠增加了 1.65 亿人口和 400 万平方英里土地，成为世界历史上最大的帝国，总共覆盖 1200 万平方英里土地，囊括约 4 亿居民。但是这些新领地并没有展现出母国的经济活力，而成为了不列颠经济实力下滑、在一个充满新掠夺者的世界里日益缺乏安全感的象征。

在那个世纪的前三分之二，不列颠遵循帝国权力下放原则，就连迪斯雷利都曾在1852年抱怨"这些烦人的殖民地几年后都会独立，他们是我们脖子上的重担"。本着这种精神，加拿大在1867《年英属北美法案》(The British North American Act)下获得自治，这项法案在国会并没有引起争议，因为他们还急着回去讨论要不要对狗征税这一重要议题呢。然而到了1870年，迪斯雷利变了主意，10年以后，民众的意见也发生了变化。突然之间，不列颠的决策者开始痴迷于数字，用国际贸易、制造业百分比和人口数来衡量国际竞争力。(1900年，德国有5670万人口，俄国有1.03亿人口，并且都在快速增长，然而不列颠停滞在了4100万人口。)印度富裕的人口数量以及女王帝国的其他子民都被拉进来撑门面。塞西尔·罗兹(Cecil Rhodes)梦想着英国殖民地可以通过一条连接开罗和开普敦的铁路从埃及延展至南非，并且将全世界所有讲英语的人联合起来(因此他资助了罗兹奖学金，让美国人到牛津学习)，他是这个新政策最好的代言人："事关英格兰的生死存亡，她必须尽其所能，又快又远地建立殖民地……抓住每一块富饶的荒地立足，"并且教导她的殖民者们，"他们的首要目标就是增强英格兰的海陆实力。"

不列颠担心自己会在工业竞赛中处于下风。她担心俄国朝着阿富汗和波斯（如今的伊朗）向东南方向扩张，而德国又虎视眈

罗兹巨人横跨开普敦至开罗

眈眈地盯着非洲。保护不列颠出口市场的呼声越来越高——"刚果边境外有 4000 万人口，曼彻斯特的棉纺织工人正等着给他们穿衣服呢。"这些压力导致了新帝国主义，当然还有沙文主义和冒险主义。不列颠突然为自己的帝国感到无比自豪。维多利亚和她的臣民沉浸在 1875 年授予她"印度女皇"称号的《皇家头衔法案》（The Royal Title Bill）中，自此女皇大人可以正式入主欧洲君王俱乐部：里面还有德皇、俄国沙皇、土耳其苏丹和奥匈帝国皇帝。

在与生俱来的优越感的驱使下，不列颠青年满怀热情地响应着鲁德亚德·吉卜林（Rudyard Kipling）的号召：

> 扛起白人的重任
>
> 献出最好的自己
>
> 放逐你的子孙
>
> 满足俘虏的需要

G.A. 亨蒂（G. A. Henty）和亨利·赖德·哈格德（Henry Rider Haggard）用一系列讲述帝国边陲的探险故事吸引了年轻读者，同时颂扬了维多利亚时期的坚韧品质：责任心、克制、服从和纪律。而吉卜林的《基姆》（Kim, 1901）则凭借一个在印度的白人少年的浪漫故事抓住了所有读者的心。传教士们出发感化异教徒（即教他们穿英国棉），每当这些人落入食人族口中，八卦小报都会大卖。桑给巴尔的奴隶制让公众和宗教出离愤怒，1895 年，这个非洲国家成为了不列颠的保护国。当受过医学培训的传教士探险家大卫·利文斯通（David Livingstone）消失在"非洲最深处"时，所有小报欣喜若狂，所有英语国家屏住了呼吸，直到亨利·M. 斯坦利（Henry M. Stanley）在《纽约先驱报》（*The New York Herald*）的资助下找到了他，并且说出了世界上最令人难忘的问候——"我猜，您是利文斯通医生吧？"（利文斯通的遗体葬在了威斯敏斯特大教堂，他的雕像矗立在博览会路的阿尔伯特纪念亭对面。）

然而，新帝国并非没有阴暗面：它狂妄自大、歇斯底里、充满残忍和死亡。由于苏伊士运河在去往帝国王冠上的明珠——印度的航线上至关重要，埃及变成了不列颠的附属国。1884年，埃及军队在苏丹打击宗教极端分子时遇到麻烦，不列颠政府觉得有义务派查理·戈登将军（General Charles Gordon）前去疏散埃及人员。这位将军是个痴迷《圣经》的怪人，他曾兴高采烈地承认："如果我是长官，绝不会雇我自己，我没救的。"不幸的是，戈登违背指令，企图保卫喀土穆，阻挡被称为马赫迪（Madhi，本意为导师）的宗教领袖领导的苏丹原教旨主义武装，结果他和他的士兵都因为他的愚蠢而丧命。很久之后（13年以后），不列颠才回过神来，派了一支两万五千人的军队为他复仇。在恩图曼之战（1898）中，基奇纳将军（General Kitchener）损失50人，换了近三万苏丹人的性命。马赫迪的首级（他在英国人来之前就去世了）被从棺材里刨了出来，寄给了戈登将军的侄子，而他的手指甲和脚趾甲成为不列颠军队的纪念品。戈登（不列颠人可真是喜欢些奇奇怪怪的偶像）和基奇纳的雕像现今都矗立在伦敦。（戈登手持《圣经》、轻手杖和军用望远镜站在维多利亚堤岸；而基奇纳则脚蹬长筒靴，身着陆军元帅制服，站在唐宁街10号背后的皇家骑兵卫队阅兵场。）

突然之间，英埃的私事演变成了国际事件，将英法推向战争的边缘。当基奇纳在喀土穆扫荡时，120名法国塞内加尔步兵在大胆无畏的让-巴普蒂斯特·马尔尚（Jean-Baptiste Marchand）的指挥下出现在尼罗河上游的法绍达（今天的科多克），声称苏丹为法国所有。当基奇纳的两万人邂逅马尔尚的120人，在那些狂热报纸的煽动下，两军在距离伦敦或巴黎三千英里远的荒野摆起了架势。《苏格兰人报》（The Scotsman）声称"决不能容忍法国人的狂妄自大"，法国媒体则宣称马尔尚到达法绍达"是法国的荣光"，同时《费加罗报》（Figaro）煽风点火，假惺惺地写道法国"能够保持冷静，但是英国人明知有违自己的信念，只能虚张声势"。最终法国退缩了，战争得以避免；法国总理也承认"我们讲理，可他们有枪"。

　　不列颠从南非向北扩张就像从埃及向南扩张一样残忍，代价却更加惨重。原本不列颠在南非只拥有开普殖民地。有两个布尔（原先荷兰殖民者的后裔）共和国——奥兰治自由邦和德兰士瓦省，阻挡了其向北的进程。这关乎盎格鲁-撒克逊的命运，两个布尔共和国都有钻石和黄金，吸引了一帮寻求暴富的英国殖民者。在世界上第一批白手起家的千万富翁之一、戴比尔斯钻石公司的创始人塞西尔·罗兹的精心安排下，加上保守党政府外交大臣约瑟夫·张伯伦尽其所能地暗中唆使，不列颠与布尔开战（1899—1902）并最终获胜，却成为世界恶霸。不列颠军队80年的殖民战争都是打一些老弱病残，在这儿也是一样——"他们没把战争当回事，仿佛这就是有茶歇的马球比赛。"但这场冲突造成英军2.2万人丧生，同等人数伤残。好似越南战争之于美国，这场战争严重有损不列颠的国际形象，并将两个不太好的词汇引入英语——"突击队"（"commado"，布尔语意为游击队）和集中营（"concentration camp"，不列颠人将布尔公民集中到拥挤、戒备森严的角落），还导

德国讽刺不列颠在非洲的殖民主义

致了1910年英联邦内的南非联盟自治，其结果非常有利于布尔人：只字未提黑人的权利，并且联盟的前两任总统都曾是布尔将军。

光荣孤立政策的终结
（1900—1914）

在所有大国中，大不列颠是最成功的，她在全球传播不列颠版本的西方文明，将整个世界染成了帝国的绯红，但是这种成功代价高昂。1900 年时，全世界都没有人愿意和她做朋友，几乎所有人都讨厌她、嫉妒她。

德国海军司令、德皇的顾问，冯·提尔皮茨（Von Tirpitz）上将描述过一个英国海军上将的轶事，说他到了一个从来没去过的

不列颠建造帝国的才能

海湾，用手指蘸过后尝了尝，然后骄傲地声称："海水——英国领
土。"这可不是什么吉兆，然而，倒不是帝国之间的竞争导致了光
荣孤立政策的终结和20世纪头十年的外交革命，而是对这个小岛
来说更为重要的两个相互关联的因素：第一，在这个技术飞速发
展的世界，美国、德国、日本都有潜力挑战她的海上霸主地位，
不列颠不再拥有来几个打几个的海上实力。第二，出现了一个有
狂躁症的暴发户德国，利用自己新兴的工业优势打造出了全欧洲
最高效的战争机器。德国拥有450万人的陆军，还要在海上与不
列颠比肩，不列颠的新超级战舰"无畏舰"，有12英寸口径的大

炮和燃油涡轮，1914 年时，德国有 13 艘，英国有 18 艘。为了保持优势，不列颠不得不把全部军舰聚集在北海。海军上将约翰·费舍尔（John Fisher）承认："十年前我们不是掌控海洋，我们是掌控每一片海洋。如今我们除了北海哪里也掌控不了了。"

1900 年，不列颠帝国开始节衣缩食，在全球寻找同盟。她平息了和美国的领土纠纷，允许加勒比海变成美国的一个湖，还和美国建立起延续至今的"特殊关系"。1902 年，她与日本结成防御联盟，从太平洋撤军。两年以后，她放弃了与法国长达 700 年的争执，开始和老对手商讨"友好协议"。她甚至与俄国达成谅解，俄国熊不再对印度虎视眈眈，两个国家平分了波斯。到了 1912 年，英法简直成了好"闺密"，在海上穿一条裤子——法国在地中海为不列颠到印度的航线护航，不列颠则守护着法国海峡的海岸线。为了保护法国的海岸线，不列颠不知不觉搅进了德国和奥匈帝国结盟（还带着拖油瓶意大利）对抗法俄的欧洲联盟体系。大国之间的关系越来越僵；他们的结盟让任何小战争都有可能引爆成大冲突；军事上双方势均力敌，法国和德国都觉得自己有义务保护自己的小弟，不管他们的行为有多不靠谱，如箭在弦，尤其是在巴尔干地区。

信心动摇
（1900—1914）

整个欧洲就好像蹲在火药桶上，战争的寒战不时传遍整个大陆，但是没人当真以为会有国家傻到去点燃战争的导火索。1899 年，历史学家查尔斯·M. 安德鲁斯（Charles M. Andrews）在美国历史学会的就职演讲中，曾自信地对听众们说，如果大学生们只学习"近三十年的欧洲史"，当他们在报纸头条读到"战争，频繁发生的战争"时便会不屑一顾。毕竟维多利亚是"欧洲的祖母"：大英帝国国王乔治五世、德国皇帝威廉二世是她的外孙；俄国沙皇尼基[①]娶了她的外孙女；西班牙、丹麦、瑞典、挪威、罗马尼亚和希腊王室都和她有血缘或者姻亲关系。比家庭团结更重要的是经济利益，英国和德国是彼此最好的客户，而俄国是德国最重要的食品和原材料产地。

那时没人能够脑补出一场旷日持久、骇人听闻的世界战争，但像电视剧《楼上，楼下》（*Upstairs，Downstairs*）中楼上部分兴高采烈地描绘得那般，爱德华时期上层社会精心打磨的英国看似繁荣昌盛，实则潜伏着一种挥之不去的阴霾，似乎一切，尤其是国内，不太妙。当19世纪转向20世纪，维多利亚时期的体面与克制、道德与神性好似受到了全方位攻击。1912年4月的一个星期天的晚上，豪华客轮泰坦尼克号在前往纽约的处女航行中撞上了冰山，沉到了海底。她是不列颠技术工程的奇迹、物质文明的象征，却成为世界上最不祥的征兆，代表着骄傲的陨落，就连上帝都要放弃英国、放弃他的选民了。

整个国家在政治上开始走向两极化：广阔的中间地带曾在19世纪让自由党和保守党产生共鸣，曾在维多利亚时期令人心安，如今却正在逐渐消亡。自由党被大财团和辉格党贵族抛弃，成为小人物的政党和工人阶级"诚实的掮客"，它放弃了古典自由主义信条，支持社会改革。1905年，自由党赢得大选，开启了第一回

---

① 指尼古拉二世。

沸点

合的福利和平等立法——失业和养老保险、学童免费膳食、累进所得税和遗产税——1911 年，上议院以自杀相逼阻止通过议案。

即便当权政府宣扬怜悯和改革，但实际工资持续下滑、阶级仇恨高涨，这些在维多利亚时期无法想象的问题，导致劳动运动和暴力事件频发，使整个国家躁动不安。劳工暴动使经济陷入瘫痪，1912 年，罢工造成 4100 万个工作日的经济损失。1914 年秋天更糟：一场所有煤矿工人、码头工人、铁路工人的大罢工把资本主义打趴在地。

就连妇女也起身反抗，她们不断地要求投票权，20 世纪的不列颠终于发觉了一个令人不悦的真相：女人可以和男人一样具有攻击性。斗志昂扬的女权主义者决心获得和男性一样的选举权，在令人敬畏的埃米琳·潘克赫斯特①和她的两个女儿的领导下，女人们将自己捆在国会外面的铁栅栏上，往信筒里面泼硫酸，摔坏大英博物馆里价值连城的瓷器，砸碎唐宁街 10 号的玻璃，还成群结队地进监狱。潘克赫斯特夫人坚信"玻璃碴"是"现代政治中最有力的论据"，要不是世界大战以更大的火力席卷全国，她可能就要赢了。女士们在国王和国家背后不断举行集会，终于在 1918 年 2 月获得了投票权，但有个谨慎的附加条件，就是她们要到已经懂事了的 30 岁才能行使。

困扰不列颠的所有国内问题中，爱尔兰的问题（一如既往地）最耗时，也最麻烦。格莱斯顿领导下的自由党在 1886 年和 1893 年均未能实现爱尔兰自治（一个独立的爱尔兰议会，管理除外交、国防和铸币以外的一切事务）；1905 年自由党重新执政，再度提

---

① 埃米琳·潘克赫斯特（Emmilene Pankhurst, 1858—1928），英国女权运动代表人物、政治活动家，被誉为"英国妇女选举权之母"。

（想要热点茶，但经过长期努力还是没能点着火的）斗志昂扬的妇女政权论者
"我寻思着，昨天还烧了两个亭子一个教堂呢！"

起爱尔兰政治改革，但直到上议院权力受限才最终实现。1912年，
下议院通过爱尔兰自治法案，但是冥顽不灵的上议院行使推迟否
决，将这个法令拖到了1914年9月。这两年里爱尔兰"炸锅"了。
眼看着自治即将实现，新教徒占多数的阿尔斯特（北爱尔兰）拒
绝加入天主教的爱尔兰，执意留在英国，而天主教的爱尔兰则宣
称绝不接受任何不能囊括整个岛屿的自治。两边开始针锋相对，
自由党政府面临武力胁迫北爱尔兰接受自治的选择。军队在进退
两难，有人要叛变，保守党领袖暗示能够接受内战。"有些力量比

国会多数更强大，"他警告说，"阿尔斯特不会抵抗的，我也不会支持他们。"自由党政府懵了，在三个都不怎么能够接受的选项中犹豫不决：要么迫使新教徒接受自治，要么迫使天主教分离，要么袖手旁观让双方决一死战。

　　然后突然所有事情都出人意料地发生了改变。内阁还在为爱尔兰危机抓耳挠腮之时，外交大臣爱德华·格雷（Edward Grey）收到了外交部递来的小纸条；一个月前费迪南大公出访萨拉热窝（在今天的波黑）时遇刺，7月23日，奥匈帝国对塞尔维亚下达最后通牒。用海军大臣温斯顿·丘吉尔扣人心弦的话来说："蒂龙郡的教区……消失在爱尔兰的狂风暴雨中，一束奇怪的亮光突然降临……点燃整个欧洲。"那束亮光就是战争，在未来30年以两场血腥和伤痛（1914年至1918年，1939年至1945年）震颤全球，它在全欧洲废除了养尊处优的半贵族领导，残杀了至少3500万欧洲人，并且两次改写了欧洲版图。只有一个主要欧洲国家逃过了军事占领、革命或羞辱，那就是大不列颠，她为之付出的代价是帝国的终结和精疲力竭的退败，从此不再是世界霸主，而在第二梯队里摇摇晃晃。很讽刺的是，爱德华·格雷爵士是对的，1914年8月4日，他不仅为维多利亚时期的英国，更为19世纪的欧洲献上了墓志铭，他悲伤地说："灯光正在整个欧洲熄灭。我们有生之年不会再看到它们重新点燃。"1945年，当这些灯再度点亮时，它们照亮了一个截然不同的世界，那个世界已然没有不列颠帝国的容身之处。

全面战争，第一回合
（1914—1918）

　　欧洲各国卷入了全面战争的旋涡，他们各自心怀鬼胎，又都觉得自己有理。即将崩塌的奥匈王朝，被民族主义势力撕扯，急需一场军事胜利的荣光得以存活，因此决心把塞尔维亚摁在地上暴揍一顿，"就算王朝要消亡，也要体面地消亡"。同样政局不稳的俄国认为自己有义务解救巴尔干地区的斯拉夫同胞。德国面临双线作战的可能，觉得如果能在俄国出动前迅速出击，便可以在六周之内平了法国，但是如此一来需要扫荡比利时。法国蠢蠢欲动想要收复阿尔萨斯-洛林。而不列颠担心欧洲陷入她最大的贸易及海上对手的控制之中，如果德国军队前往巴黎途中顺手占领了比利时，那她就有"光荣的义务"保护自己1839年曾担保中立的国家。恐惧英俄协约的土耳其在10月加入了德国战队；转年5月，墙头草意大利倒戈，加入了英法联盟。回顾往昔，想想糟糕的结果，这些动机都站不住脚，但在那时只有德皇的私人恩怨看起来滑稽可笑。他很震惊，他的表亲们竟然背叛他。"想想看（不列颠的）乔治和（俄国的）尼基居然欺负我！如果外婆在世的话，一定不会允许的。"（她老人家如果得知乔治五世把姓氏从汉诺威改成温莎，以便和德国表哥划清界限，估计也会进退两难。）

　　然而，老太太已经去世13年了，外交政策和作战方式都在飞速变化。德国并没能在六周内攻下巴黎，相反在西部前线陷入了痛苦的人力物力消耗战。欧洲各国血流成河，为了血淋淋的目的挥霍着工业革命的果实。尽管牺牲无数，也未能打破僵局。1916年索姆河战役中，不列颠在第一天就失去了2万人，还有4万人受伤，一周之内引爆的炮弹（200枚）比布尔战争三年都多。一年之后，在帕斯尚尔，24万不列颠士兵阵亡，而最血腥的凡尔登战役中，法德各留下30万具残骸。难怪法国士兵会对此般策略心怀不满。不列颠企图转向德国侧翼，突破所谓的"欧洲软肋"，却在达达尼尔遭遇土耳其的阻拦。将军们别无他法，只能召集更多人当炮灰。一位战争年代的幸存者曾写道，他觉得自己"在一场疯子主导、猴子主演的游戏中扮演了一个毫无意义的角色"。

为了在这场损耗无数人力物力的战争中存活下来，（以1911年民众预算闻名的）劳合·乔治领导的战时联合政府将不列颠全民武装。政府管理铁路和军需站，施行粮食配给，强制服兵役（仅在战争开始两年后）。就连英国人珍视的言论自由也牺牲了——一个人因为叫乔治国王"嗜血的德国佬"而被捕，当然，他其实是对的（乔治有四分之三的德国血统）。战争时期的黑白分明取代了和平时期的灰色地带。所有关于这场冲突的讨论，如果不是怪罪德国佬的话，就等同于犯罪。德国的暴行传遍了大街小巷，善良友好、爱喝啤酒的德国佬变成了普鲁士暴君，简直就是现实版的匈人阿提拉[①]。然而，不列颠的牺牲和经济动员都没什么用。直到1918年春末，德国一直占上风。1917年4月，德国在东线的胜利引发了布尔什维克革命，俄国退出战争。德国潜艇差点饿死了不列颠，让不列颠损失了38%的商船（重达700万吨，共计6万名海员）。

这些惨淡数据中唯一的希望在于德国的无限制潜艇战——尤其是鱼雷击沉了不列颠"卢西塔尼亚"号客轮，造成近1200名乘

[①] 阿提拉（Attila，406—453），被称为"上帝之鞭"，他曾多次率领军队入侵东罗马帝国和西罗马帝国，令整个西方世界无比恐惧。

普鲁士的圣乔治该怎么解决它?
"善良友好、爱喝啤酒的德国佬变成了普鲁士暴君,简直就是现实版的匈奴阿提拉。"

客丧生,其中 100 名是儿童——使美国公众偏向英法一边。随后,不列颠截获并破译了德国外交部部长发给德国驻墨西哥大使的信息,并将它呈给了华盛顿,使得美国的公众情绪进一步升温,信息中说在墨西哥重获"得克萨斯州、新墨西哥州和亚利桑那州这些失去的领地"的共识下,德墨两国将会"一起开战"。1917 年 4 月 6 日,美国宣战。两百万鲜活的美国生命足以显著地改变天平的方向,德国终于在 1918 年 11 月 11 日 11 点正式投降。值得注意的是,1911 年 11 月 11 日——而不是 6 月 28 日,《凡尔赛条约》签署的日子——才是停战纪念日(在美国叫老兵节),因为第一次世界大战带来的不是和平,只是徒劳的牺牲。没有根据滑铁卢的传统建造的胜利纪念碑，只有长长的死难者名单，上面有75万不列颠人的名字。让德国始料未及的是，整个帝国曾给予了母国莫大的支持，澳大利亚、加拿大、新西兰和印度献出了25万宝贵的生命。

疲惫的巨人：中场休息
（1918—1939）

大家精疲力竭。经济上看，各种数据触目惊心，表面上看起来比实际情况还要严重。为了不输掉战争，不列颠每天要花掉3500万美元；债务从32亿美元飙升至370亿美元，占战前预算的四分之三；尽管欧洲（主要是法国和俄国）欠不列颠105亿美元，但他们一点没还，不列颠欠了美国42亿美元，最后也只还了一半。然而相较于（除美国以外的）其他国家，不列颠还是可以从战争中恢复的；她在战争中失去的人口还不如19世纪70年代至90年代前往殖民地的多；她的帝国比以往任何时候都更加恢弘。她从土耳其帝国手里搞到了如今的巴勒斯坦–以色列、约旦和伊拉克，这些都成为她的保护国，她还掌控了德国在非洲的殖民地，终于将开罗到开普敦连成了帝国的绯红飘带。

经济的疲惫远不及精神的萎靡。法国的战斗意志在凡尔登消亡，为21年后被德国纳粹羞辱和征服埋下伏笔。英国经历了长达20年的经济紧缩、反战情绪和绥靖政策给胜利蒙上的阴影，整个国家充斥着冷漠与幻灭的空气，没有一点儿胜利的感觉。尤其是在军队中，当停战协定传来，"大家抽了根烟，但是没有欢呼声"。在前线的某个角落，有一个名自美国佛蒙特州的小医生，他在战壕里只待了两个星期，企图治治这种冷漠。有个英国人描述道："他不再滴酒不沾，喝了半瓶威士忌，跳了一段恰恰。而我们呆呆地看着他出洋相，最后把他放回到床上。"未来属于美利坚，而非不列颠。

最令人心痛的是，成千上万人为之牺牲的目标，被这个世界迅速地遗忘：人们想要用一场战争去结束战争，用一场战争实现世界的民主和平，用一场战争送英雄们回家，但这些都没能实现，这种失败感严重影响着下一代。每五个剑桥或牛津毕业生中就有一个在战争中丧生；某公立学校有 720 个"老男孩"离世，留下80 个孩子；那些进取、革新、重建繁荣的想象不复存在，随着他们一起烟消云散。

在爱尔兰，不列颠面临两难处境："要么全力以赴，要么滚蛋"，而她哪个都不想做。管理不善、时机不当、反应过度，最终导致爱尔兰独立。战争期间，大多数爱尔兰人都出奇地忠于她的邻居，默默地等着战争结束后自治。只有一小撮人和敌军媾和，在 1916年复活节那天席卷了都柏林邮政大楼，宣称成立"爱尔兰共和国"，宣扬包括阿尔斯特在内的"爱尔兰人不受约束的权利"。反叛只持续了一周，几乎没什么人响应，但是不列颠很蠢地以军事手段处决了 15 个领袖——每次处决一两个，共进行了 10 天——于是在不列颠的帮助下，复活节起义实现了目标。这 15 名殉道者灵魂不朽，爱尔兰的圣土被"战争的热血温暖"，公众舆论强烈反对任何形式的地方自治，支持无条件独立。

1918 年爱尔兰大选中，新芬党（Sinn Fein，意为"我们自己"）大获全胜，其代表拒绝入驻威斯敏斯特，而是建立起自己的议会（Dail，即爱尔兰议会），并在爱尔兰共和军的帮助下另行组建起政府。不列颠拒绝承认反叛政府，发动内战派军队前去镇压。他们将这种"不快"当作治安问题，找了退伍老兵作雇佣兵（即皇家爱尔兰警卫队，因为他们制服的颜色而被称为"黑棕部队"），加强爱尔兰安保。残酷的内战接连发生，直至两败俱伤。

最终，不列颠同意爱尔兰全面独立，但有两个条件：爱尔兰必须承认自己是帝国的一部分，并效忠于国王；北爱尔兰将分离出来，拥有独立的议会和自治。随后，爱尔兰内部又花了两年时间争斗不休才最终达成协议，1922年爱尔兰自由邦成立时，爱尔兰方默默地相信，最终它会加入今天的爱尔兰共和国（暂时不包括北方六郡）。爱尔兰纯粹民族主义者至今仍旧捶胸顿足，因为他们的岛屿依旧处于分裂状态，他们在经济上依旧与不列颠紧密相连，以及不管法律怎么说，英语依旧是主流语言。

不列颠与爱尔兰的关系崩了，一万英里以外，与印度的纽带也在缓慢消亡。英属印度本来就是一个集武力统治、惯性服从以及君主崇拜下的政治偶然为一体的区域。这种统治摇摇欲坠，没有任何理论基础，只是为了维护和平。然而，慢慢地，它从一种区域现象变成了一种政治体制，逐渐带有了自己的民族认同感。不列颠在战争时期曾许下甜言蜜语，承诺如果有百万印度士兵可以为世界民主而战，就给予印度自治，这在1918年以后激起了民族主义情绪。那时有个"搞事情的苦行僧"（温斯顿·丘吉尔的耿直描述），名叫莫汉达斯·K.甘地（Mohandas K. Gandhi），谋划出一次次独立的呐喊。甘地曾经在英国念书，可以（并不是很准确地）背诵出拜伦勋爵的诗句"自由的战争一旦打响，就会代代相传"，并且提出了非暴力反抗理论。两次世界大战期间，帝国的宝石、不列颠霸权的象征，慢慢从她的掌心滑落。英属印度的道德基础和统治自信开始摇摆，直到第二次世界大战帝国的大厦倾倒，不列颠才发觉无论在经济还是精神上，印度都和她没有关系了。

在国内，社会各阶层都发生了相似的变革和反叛。工人阶级想要寻求更好的条件，抑或说保留在战争年代获得的东西。当时，煤炭行业已有 30 万人失业，又面临着进一步减产，煤矿工人和矿主便开始互殴。政府试着和稀泥，最后得出结论"要不是经常与矿主见面，我们不会毫不夸张地说这些矿工领袖是全英国最蠢的人"。1926 年 5 月 1 日，矿工罢工，三天以后不列颠全国工会联盟，即英国总工会，发起全面大罢工。九天时间，所有火车、报社、船厂、钢厂、电厂、煤气厂通通关门大吉，没有一起暴力冲突，非常英国范儿。店主、商人和学生纷纷冲去开火车，以实现自己童年时期成为机车工的梦想。罢工工人享受到意料之外的闲暇时光，还和警察踢了场足球赛。（工人们以 2 比 1 获胜。）

大罢工失败倒不是因为政府有中产阶级的鼎力支持，还动用了军队以保证国家重要设施得以运行（停泊的潜艇为码头的冰柜提供动力，使成千上万吨的肉不至于坏掉），而是因为组织者惊觉"如果一股力量比国家本身更强大，那它就要准备好对国家的运转负责"。就算在大萧条时期有三百万人失业，不列颠工人也再没有掀起革命，始终忠于国会。

上层阶级也搞反动，要么反战，要么蔑视礼仪和权威。令人震惊、充满失态的轻浮年代已经到来，女性选民的投票权终于调整至 21 岁（终于和男性平等），她们兴致勃勃地唱道：

> 时髦女郎啜泣，想要裙子变短；
> 想要两颊绯红，想要剪去长发。

新的一代正在崛起，他们下定决心绝不允许国家再沿着 19 世纪的错误承诺走向战争。1933 年，牛津大学辩论协会以压倒性优势通过了一项决议——"本校绝不为王国和国家而战。"全不列颠和帝国的大学都提出并通过了类似的决议。

反战、冷漠、经济萎缩塑造了不列颠在两次世界大战之间的外交政策。不列颠领袖试图与复兴的德国谈判，那时阿道夫·希特勒已经把德国变成了第三帝国，推崇国际黑帮主义，而不列颠

不列颠要离外国政治远远的

就像个"战战兢兢、软弱无力的老妇"。1919年的《凡尔赛和约》让列强们失望、不满。英国和法国决心不惜一切代价维持现状；意大利和日本都是投机分子，总是不安生；德国和苏联蓄意报复，想要改变协议；美国冷眼旁观；国际联盟手无寸铁，没有美国的帮助基本就束手无策。1938年，首相内维尔·张伯伦怀疑苏联的险恶用心，相信德国在凡尔赛受到不公对待，并且德国的民族自决是为了让所有德国人回到祖国的怀抱，他决定直接对话希特勒，维护欧洲和平。张伯伦对德国元首的判断大错特错，他以为希特勒是一名绅士，是一个理性的人，他的话是可信的。

希特勒违反《凡尔赛和约》，重新组建军队，占领莱茵地区，吞并奥地利，现在又威胁如果在捷克斯洛伐克生活的三百万德国人不能即刻并入更大的德国的话就开战。九月末，希特勒在慕尼黑坚决地承诺这是他在欧洲最后一块想要的地盘了，于是张伯伦应允元首的请求，带着"光荣的和平"回到伦敦，开心地相信此举避免了战争，实现了持久和平。可捷克大使没这么心宽，他对不列颠首相和外交大臣说："如果牺牲我的国家能够维护世界和平的话，我第一个鼓掌。但如果没有，先生们，愿上帝保佑你们。"

张伯伦也惴惴不安，他未雨绸缪，加快建设内阁作战室。那是战争时期首相和高级军事人员办公的地下掩体。（位于国王查理街的工部大楼下面，如今对公众开放。它被保留下来作为战争年代绝望的象征。）让张伯伦失望的是，协议的墨迹还没干，希特勒就食言了。那年，他吞下了捷克斯洛伐克剩下的部分，与苏联达成协议瓜分波兰，并在1939年9月1日入侵波兰。两天以后，英国和法国才痛苦地意识到只能武力阻挡希特勒了，于是宣战。21年的中场休息结束了，张伯伦的美梦破灭了；他为之奋斗的一切，他所信仰的一切，都"化为乌有"。

温斯顿·丘吉尔将《慕尼黑协定》称作"空前的灾难"，很多人表示赞同，但是张伯伦的辩护者却认为慕尼黑将战争推迟了一年，给了不列颠 12 个月的时间重整旗鼓。乍一看，无论什么理由都不可以出卖中欧小国，并且由此还使得捷克斯洛伐克的军工产业（1938年斯柯达汽车工厂的产值等同于大不列颠）滋养了德国的战争机器，而且德国比英国更好地利用了这段时间，德国将 25% 的国家预算投入了军备，而英国只有 7%。但实际上，这 12 个月对不列颠来说也确实至关重要，1940 年夏天的不列颠之战就像 16 世纪打败西班牙无敌舰队时一样靠先进的技术取胜。尽管德国有着比英国更多的飞机，但在 1939 年 9 月，不列颠的飓风战斗机和喷火战斗机已经从 6 个中队增加到 26 个中队，还扩大了雷达站用以保护英格兰东部和南部。超级战斗机和先进的雷达报警系统掩护了不列颠，使她免遭入侵，而德国的闪电战（即坦克和轰炸机一唱一和，粉碎法国的防御工事）已经打趴了法国，把法国打回了 22 年前德国投降的那张桌子上。

一场多余的战争：世界大战，最后回合
（1939—1945）

第二次世界大战的参战选手和第一次时一模一样：德国对战英国、法国、俄国和美国，但有个显著的不同，就是意大利和日本站在德国一边。然而，直到 1941 年，冲突仍仅限于英、法、德之间，并且前九个月是所谓的"假战"，什么事都没发生，除了波兰喂饱了希特勒。1940 年 4 月 9 日，大祸临头了。德国占领了丹

麦和挪威，一个月后袭击了法国，越过了比利时和荷兰边境，向不设防的法国侧翼进发，5月10日开始正式入侵法国。内维尔·张伯伦的政府引咎辞职，奥利弗·克伦威尔297年前的话还在耳边回响："你们坐在这里够久了……走吧，我说，我们已经受够你了。看在上帝的份儿上，滚！"取而代之的是温斯顿·丘吉尔领导的联合政府，丘吉尔当时已经65岁高龄，一口假牙，还有点口吃。

这个带领不列颠度过"至暗时刻"的人是半个美国人，他也是盎格鲁–撒克逊历史上最具争议的人物之一，他能说出"我们都是虫子，但我相信我是只萤火虫"这样的话。他酗酒、抽烟、毒舌，同事们都不喜欢他、不相信他，因为他两次叛变，先是加入保守党，随后又加入自由党，后来在1914年至1918年战争时期成为海军大臣，然后又回到保守党阵营。两次世界大战之间，他是不受欢迎的声音，一直卡珊德拉[①]般地警告纳粹的威胁，要求重建军队。丘吉尔的偶像是他的先辈、曾让路易十四屈居膝下的18世纪战争领袖——马尔伯勒公爵约翰·丘吉尔，而他的终极目标是要与希特勒肩并肩。他曾直言不讳地对下议院说，他什么也没有，"除了鲜血、辛劳、眼泪和汗水"，还大胆地加上"我们的目标是什么？我可以用一个词回答：胜利——不惜一切代价的胜利，不畏恐惧的胜利；胜利，尽管道阻且长"。（在那座立于国会大厦门口台阶上的雕像中，可以看出他争强好胜的性格。）

惨败之中，丘吉尔政府搞出了两个锦囊妙计——一个是5月27日至6月4日，动用650多艘轮船、游船、运输船，奇迹般地倒腾回了困于法国港口敦刻尔克的35万英法士兵；另一个不得不

---

① 卡珊德拉（Cassandra）为希腊、罗马神话中的特洛伊公主，有预言能力，但预言不被相信。

"忍痛割爱"的决定是 7 月在法国投降德国后，击沉了聚集在北非奥兰的法国海军。这两个事件都至关重要，因为它们展现出丘吉尔在极端不利情况下也要独自战斗下去的坚定决心，鼓舞了英国人的士气，同时，也让富兰克林·罗斯福相信英国人还能打。此前美国总统担心英国海军会落入德国手中，但是 7 月过后，他越来越能听进去丘吉尔的热切请求——丘吉尔想用英属加勒比岛从美国手里换 50 艘破驱逐舰。

　　不列颠不理睬德国的和平提议，于是希特勒决定效仿拿破仑，实施海狮计划，入侵英格兰，但是英国依然有制海权，所以他决定先夺得英吉利海峡的制空权。8 月 13 日，全世界最著名的空战打响了。英国有比德国多三倍的飓风战斗机和喷火战斗机，并且在雷达的预警下，抵挡住了德国对英国皇家空军地面设施的大规模空袭。8 月末，英国虚张声势地轰炸了柏林，为了报复，希特勒命令全面轰炸伦敦。这是致命的错误，因为将德国飞机调离皇家空军飞机场给了英国喘息的机会，使他们得以重建被几乎摧毁的地面设施，重整支离破碎的战斗中队；而且将德国飞机聚集在单一目标上代价高昂，使得希特勒放弃了日间轰炸，改为了相对安全的夜间袭击。这场空战持续了 200 天，德国损失惨重，后果严重。显然英国要赢了，不会再受侵略了，而且美国公众舆论也从孤立主义转向亲英立场，使罗斯福敢于在总统大选几周前向国会提出那个驱逐舰的买卖。5 个月后，再次当选的美国总统将美国变成了民主的兵工厂，1941 年 3 月的《租借法案》（The Lend-Lease Act）承诺"无条件、即刻、全面的援助"。战争结束时，已有价值 270 亿美元的战略物资运往这个受困的小岛。（整个国家感恩戴德，于是在美国大使馆对面的格罗夫纳广场为罗斯福修建了一座纪念碑。)

英国人经历了前所未有的战争。战争走进了他们的客厅，后方即是前线。六万人在空袭中丧生，七分之二的房屋和五分之一的学校毁于一旦，整个国家变成具有空前战斗力的"战争机器"。五年来，所有阶级、经济、职业的差异一扫而光。这个小岛前无古人地团结在一起。1940年5月，工党副首相克莱门特·艾德礼（Clement Attlee）在下议院表示，政府"要全面掌控人员和财产；不是一部分人和一部分社区，而是所有人，无论贫贱、无论男女、无论是雇主还是工人，以及他们所有的财产"。于是有了战时社会主义国家，即战争国家，在这里私人利益让步于公众需求，国家计划仔细地管控消费和生产，所有英国人都要服兵役，要么进入军队及其服务机构，要么进入工业或农业。价格管控和进口补贴让穷人也能买得起东西。除了面包和土豆以外，所有食物都施行定量配给，以平衡严重的粮食短缺。贵族和伦敦的码头工人一样都只能买到通用的衣服和设施。国家还遏制了通货膨胀，以便把多余的资金投到战争中去。基本所得税50%，后来提高到97.5%，并对剩下的2.5%征收附加税。为了在战时存活下去，发生了一场社会革命，在这场革命中，每个人的生活标准都一样，毕竟无论贫穷还是富有，都要挤在伦敦地铁站躲避7.4万吨的德国炮弹，平均下来就是每人3.5磅。

尽管展开了全面动员，接受了美国外援，1941年对于不列颠来说依旧前景惨淡。他们没有输掉战争，但显然也没办法独自赢得战争。德国占领了巴尔干，至关重要的苏伊士运河岌岌可危，而夏天的到来预示着更加猛烈的德国空袭。然而，到了6月，一切都发生了改变。希特勒为了给所谓的雅利安人争取粮油资源和

"我想有人掉了这个。"

扩张空间，派兵入侵苏联。丘吉尔厌恶共产主义，但是为了胜利，他愿意"与魔鬼共舞"。6个月后的12月7日，日本突袭珍珠港。具有强大工业实力的美国公开加入这场冲突，英国首相欣喜若狂："经过17个月的孤军奋战……我们赢得了战争。英格兰活了下来，不列颠活了下来……整个帝国活了下来……我们的历史不会终结。"然而，丘吉尔并非完全正确：英、美、苏大联盟赢得了战争，英国活了下来，但是她的帝国、她的历史并没有，至少不是作为超级大国活了下来。

经过巨大的努力，苏联终于打败了德国。而英国和美国在东南亚和太平洋地区损失惨重之后，终于把日本赶了回去。不列颠成为孤岛要塞——150万美国士兵的家园。1944年6月6日（登陆日），不列颠、帝国和美国的部队跨越英吉利海峡，席卷诺曼底海滩。11个月后，希特勒自杀，欧战结束。1945年9月，原子弹出人意料地迅速了结了对日战争，整个世界再一次做好尝试永久和平的准备，但在这场和平中，不列颠和她的首相已无足轻重。真正的强权——无论在军事还是经济上——早已从伦敦转移到了华盛顿和莫斯科，而丘吉尔早在战争结束之前就被英国选民踢出了唐宁街，他用接下来的六年时光写就了一本最佳的战时纪实——共有六卷的《第二次世界大战回忆录》（*History of the Second World War*）。

乌托邦有限公司

（1945—1951）

美国人一直认为温斯顿·丘吉尔就是受压抑的不列颠精神——不屈、坚韧、务实——的活体化身，但是经历了1939年至1945

年战争的不列颠人却说不好他们的战时领袖到底是国家救星，还是又一个该死的政客。1945 年 5 月大选清楚地表明，大多数英国佬不能接受回到 1939 年时的和平状态。他们需要一种全新的社会制度，让五年全面战争的牺牲物有所值，让英雄们能够回家，让旧的生活方式消失殆尽，让战时的平等得以保留。翻天覆地的唯一办法就是让丘吉尔领导的保守党政府下台，由工党政府取而代之。丘吉尔将其无情地描述为"令人震惊的忘恩负义"，他说，"我临危受任，在五年零三个月的世界大战中掏心掏肺，如今战争就要结束了，敌人要么已经投降，要么快要投降，英国选民却不让我再管他们了。"事情完全超出了预期，保守党丢掉了下议院的173 个席位，自由党几乎全军覆灭——只剩下 12 个——而 52 年前的一人政党、新兴的工党，席卷了将近 400 个席位。

1900 年，詹姆斯·凯尔·哈迪（James Kier Hardie）成立了工党，工党从工会获得选票和财政支持，从费边社（Fabian Society）的一小撮中产阶级知识分子那里获得精神力量。哈迪是一名苏格兰矿工，也是早期工党的领袖。1893 年，他戴着工装帽，穿着花呢外套，在吹奏乐伴奏下走进国会，完全无视下议院的着装要求和得体礼仪（高礼帽、长礼服和绅士做派）。到了 1906 年，工会的资金、组织和选票，以及土生土长的费边社会主义政策，将这个一人政党转变成了人数不多却举足轻重的 24 人团体。

即便只有 24 名工党议员也足以灭了自由党。1929 年时，自由党只剩 59 个席位。不列颠的中产阶级发现，如果他们想在国家政策中有发言权的话，要么投工党，要么投保守党。1945 年，中间派严重左倾，投了工党，部分原因在于工党在丘吉尔的战时政府中表现得很靠谱，每个人都觉得工党画的"饼"看起来很香，甚至保守的乡绅也会支持。工党领袖、同时也是战时的副首相克莱门特·艾德礼毕业于一所不错的公立学校和牛津大学，非常低调体面，丘吉尔把他描述成"披着羊皮的羊"。新首相描绘出工党的蓝图："我们的目标是创建一种全新的、具有挑战的制度，将个人自由与计划经济结合起来——即社会公正下的民主。"几乎没有人会反对这个目标。

　　工党解决社会问题的方式在形式和态度上都非常官僚主义。1951年，有26%的不列颠劳动力在政府办公室里埋头苦干，建设福利国家，相比之下在美国只有17%。早在1929年，《笨拙》(*Punch*) 杂志就重新讲述了《彼得兔》的故事，讽刺工党思维僵化。《彼得兔》的作者比阿特丽克斯·波特 (Beatrix Potter) 是一位热情洋溢却枯燥乏味的"科学"费边社会主义者，她和她的丈夫悉尼·韦伯 (Sidney Webb) 被称为是工党的"精神教母和教父"。

　　未成年犯：案件 B2957 ，彼得兔

　　年龄：不确定……

　　父母：父亲（惯犯）因枪伤去世。详见因枪击事故死亡的将军报告——《皇家委员会关于兔子派成分的少数报告》，第 341 页，卫生办公室……母亲独自一人抚养四个孩子长大。祖传的犯罪倾向因缺乏父母管教而加剧。

　　环境：他们全家住在一个沙丘的地下室。详见《房屋委员会建议》第五条——过度拥挤。

　　职业：无。家中女性（奔拉拉、毛茸茸和棉尾巴）偶尔受雇采摘蓝莓。详见《调查委员会关于临时童工工作环境的诉讼》，第 483 页。

犯罪：

（1）因非法目的进入封闭场所；

（2）偷麦格雷戈先生的蔬菜。详见第 67 期费边社小册子《论土地的私有制》，以及《农业部关于小农场的报告》。

判决：解除魔咒。

工作中的不列颠官僚

警戒措施：

（1）实质：洋甘菊茶。

（2）功效：无。详见案件 B2958：本杰明兔。

　　工党的政治风格或许笨手笨脚，相当官僚，但是不列颠何其有幸可以在工党的领导下走出战后艰苦朴素、经济紧缩、帝国瓦解、美苏冷战的艰难时光。即便社会主义乌托邦梦被战后的现实捏得粉碎，但没有任何其他政府能像它一样成功地让全民做出必要的牺牲，使这个战后满目疮痍、负债累累的国家得以存活。据说丘吉尔的妻子曾经安慰她丈夫，1945 年大选告败是塞翁失马焉知非福。温斯顿抱怨道"说得和真的似的"，但是他老婆是对的，随后的五年对不列颠人来说不容易。

　　史上头一回，社会主义政党掌权，工人阶级政府当政。那年，战争国家变成了福利国家。在《国民保险法》（National Insurance Act）和《国民保健服务法》（National Health Service Act）下，国家全面保障公民的失业、疾病、事故和养老。（医保政策相当大方，去看牙医和配眼镜一律免费，如果你能说服医生的话，都能开个免费的脑袋。结果，欧洲人成群结队到不列颠度假，顺便强健体魄。）国家建造了 150 万套补贴住房；公共教育，尤其是大学教育，实现了平民化和扩招，新建了 25 个高等教育机构；生产和通信设施国有化。这一整治所有社会疾病的社会主义灵丹妙药却带来了可疑的疗效，因为：（1）许多国有工业，尤其是煤矿和铁路工业早已深陷泥淖；（2）国家控制意味着既不受工人掌控，也没能提高管理效率或工人忠诚度；（3）由于只有 20% 的经济（航空、英格兰银行、煤矿、电力、燃气、铁路和运输）受到控制，国有化在不列颠工业的整体表现占比不足，虽然 1945 年后不列颠的整体表现确实比 1939 年前好得多，但明显不如战后的德国、日本、美国甚至意大利。

对英国而言，这场战争最具讽刺意味的教训在于，义务属于胜利者，而未来属于失败者。德国和日本虽然工业严重受损，两国民众忍饥挨饿，但是失败滋生了希望。破产后旧账一笔勾销；工业在更有效的新技术下获得重生；战后世界全新的开始无论对于精神还是经济都十分有益。相比之下，不列颠的工业老旧、破败，饱受战争摧残，被她的帝国和军事责任压得经济喘不过气。不列颠的军事开支——占领德国、保卫帝国，后来支持北约——位列世界第三，仅次于俄国和美国。维持大国地位的代价高得难以承受，1945 年以后，美国不再开放原子研究，不列颠还需要独立研制原子弹和氢弹。更糟糕的是，两个回合的世界大战，以及美国《租借法案》到期恰逢全球粮食、原材料价格上涨，英国穷到没钱进口粮食和原材料来养活国民、供给工业，整个岛屿面临饥荒和经济崩溃，除非可以做出比战时更大的牺牲。总之，福利社会的乌托邦必须为生存让步。就像奉行艰苦朴素和素食主义的工党财政大臣坦言的那般：如果你都没饼的话，还怎么平均分饼？

战时紧缩不仅没有结束反而愈演愈烈。食物空前短缺，连面包和土豆都加入了定量供应。几乎没有糖吃了，每个英国人每周只有 13.5 盎司肉、8 盎司糖、2 品脱牛奶、1 只鸡蛋，最严重的是啤酒减半！布料严重短缺，国王乔治六世抱怨自家衣橱里面都是破衣烂衫，他女儿伊丽莎白公主嫁给维多利亚的希腊玄（外）孙菲利普·蒙巴顿中尉（Philip Mountbatten）时，政府只另给了新娘一百张用于婚礼和蜜月的布票。禁止民用汽油，对香烟和美国电

记忆中 1947 年的冬天最惨

影征收重税抑制进口，甚至限制国民们的洗澡用水，而且还得共用热水，为此煤矿工人每天要多工作半小时。甚至连天气也不配合，不列颠人现存记忆中最惨的就是 1947 年的冬天，泰晤士河都冻住了。而当春天终于来临时，草场和麦田被淹了，损失了两万只绵羊和一个月的面包。关键时刻，美国觉察到了这场危机，1948 年通过"马歇尔计划"向不列颠和崩溃的欧洲经济注入了 56 亿美元，不列颠获得了最大的礼物——32 亿美元。（美国总共投了 170 亿美元。）第二年，英镑从 4.03 美元贬到了 2.80 美元，英国商品在美国市场更便宜了。1950 年，英国出口增长了 77%，终于消除了贸易逆差。

最糟糕的时候结束了，一同结束的还有工党政府。到底应该把资金用于维持不列颠的世界地位、军事义务，同时支持美国在冷战中对抗俄国，还是应该专注地用于裁军、建设福利国家，并且不允许美国的原子弹出现在英国的土地上？这场激烈的争论让工党政府四分五裂。不列颠可以有这个政策或那个政策，但没办法两者都要。结果，1951 年大选，丘吉尔以 77 岁高龄再度当选，随后 13 年中又有三届保守党首相掌权。然而，他们领导的政党已经接受了福利国家，并且像工党一样，承认英国已经不是一个可以与美苏抗衡的超级大国，不过是一个中等型号的欧洲国家。

在工党破产之前，举行了全国大派对——不列颠节（the Festival of Britain），庆祝战后紧缩的结束（事实上，直到 1954 年才完全停止配给供应），给这个国家一个抚慰的拥抱，顺便纪念 1851 年世界博览会一百周年，但遗憾的是再没有了那个时代洋溢着的对未来的信心。然而，从建筑学的角度来看，为了这个节日建造的皇家节日音乐厅是不列颠战后唯一值得一看的建筑了。

大不列颠终结
（1947—1964）

首任工党财政大臣休·道尔顿（Hugh Dalton）为帝国的解体定下了基调，他说："如果你在一个地方不受欢迎，又没有想法或者力气碾压那些不欢迎你的人，那唯一能做的事情就是赶紧滚蛋。"

自 1914 年至 1918 年战争以来，帝国一天不如一天。1926 年，不列颠承认其自治领土——澳大利亚、加拿大、新西兰和南非——为帝国内平等的"自治区"，与不列颠一同组成"英联邦"，即一个主权国家大联盟，首相们没事聚在一起讨论讨论，对共同关注的问题也没必要意见统一。

1947 年以后，这一理念为帝国的瓦解留住了颜面；尽管各个部分获得了独立，他们还是属于英联邦。个别几位：缅甸，格局太小了；埃及，理论上一直是自由的，早就受不了不列颠了；巴基斯坦，因为英联邦准许孟加拉独立，一怒之下扬长而去；巴勒斯坦，没人想要；南非，1961 年因为种族歧视被扫地出门；爱尔兰，1949 年国会正式认可其独立。（爱尔兰人很奇怪，尽管独立了，但也不是外人，只要住在不列颠就还有投票权。）

占帝国人口一大半的印度是第一个赢得独立的国家。尽管最后一任总督、海军上将路易斯·蒙巴顿勋爵（Louis Mountbatten）曾竭尽所能维护印度次大陆统一，但印度教徒和穆斯林的宗教敌对实在难以调和，1947 年 8 月 15 日和 14 日，印度和巴基斯坦作为两个国家分别获得独立，英属印度用尽了帝国的步枪和铅笔将自己一分为二，但不幸的是并没有用尽穆斯林或印度教徒，而他们又都不满意分裂克什米尔地区。巴勒斯坦问题变得更加棘手了；不列颠的十万大军面临着与以色列和阿拉伯恐怖主义者的三方战争，索性将巴以冲突甩给了联合国，1948 年拍拍屁股走人，留下全世界最头疼的问题之一。

20世纪50年代后期，哈罗德·麦克米伦（Harold Macmillan）领导的保守党政府想要在世界舆论和当地民族主义者发起军事抗争之前尽快优雅地从烂摊子中逃离。1956年至1964年间，不列颠摆脱了她拥有的非洲、西印度群岛、东南亚和除了直布罗陀以外的地中海殖民地（这仍是西班牙的污点）。帝国最后的果实香港也在1997年租约到期时还给了中国。雄伟的帝国大厦——加拿大驻伦办、南非驻伦办、印度驻伦办、陆军部——簇拥在特拉法加广场，而白厅在他们各国扮演的角色骄傲却尴尬。尽管帝国的撤退是盎格鲁－撒克逊式的不动声色、优雅从容，但也受到了羞辱。埃及违背协议将苏伊士运河收归国有，丘吉尔的继承者安东尼·艾登（Anthony Eden）下令出兵，还玩起了文字游戏："我们没有和埃及打仗，只是武装冲突。"不管怎样，不列颠在美国的唠叨和俄国的咆哮中妥协，然后后知后觉地发现印度独立了，运河也没什么可争的了。（清理运河中的战争垃圾花了八年时间，英国的进口成本每个月增加了两千万英镑。）

W. C. 塞勒（W. C. Sellar）和 R. J. 耶特曼（R. J. Yeatman）在他们的讽刺幽默版英国史《诸如1066》（*1066 And All That*）中有一个相当有意思的结论，他们说当1914年至1918年的战争结束时，"美国成为霸主，历史到了美国的年代"。或者说，至少值得铭记的历史是这样的。而1939年至1945年的战争才真正是千年西欧史的终结，那时美苏崛起，至少在当时成为"霸主"；大不列颠则再度沉默，不再是超级大国，也不再有什么值得纪念的时刻。所以我们这本小书也将以更简洁的方式回顾过去半个世纪的历程，既不热泪盈眶也不依恋往昔，而只是匆匆掠过。

第五章
值得铭记的历史越来越少

艰难时刻

不列颠节打开了美丽新世界，第二年（1952），备受瞩目却单调乏味的年轻女王继位，开启了第二个伊丽莎白时代。然而，"二战"之后的岁月依然是这个小岛历史上最糟糕的时光，不列颠不再是19世纪工业领头羊，她正努力适应着日益衰落的世界地位，但是仍然没能从曾经的帝国梦和霸主记忆中回过神来，整个国家在羞辱和危机中一个踉跄接着一个踉跄。

英镑曾经是全球基准货币，1948年，英镑兑美元汇率从4.05跌至几乎等价。十年前不列颠海军还能在海上横行霸道，如今也不行了。1949年北大西洋公约组织（NATO）成立，不列颠不得不承受美国海军上将指挥其战舰的羞耻历史。那首赞歌《统治吧，不列颠尼亚！》（*Rule, Britannia!*）简直就是个笑话。如此英勇地赢得的胜利成为笑柄，而反观她的两个敌人——德国和日本——却从战争的灰烬中重生，把握住了 1945 年以后的和平年代。1955 年，1 英镑还值 11 德国马克；40 年后，德国经济高歌猛进，不列颠经济却疲软无力，1 英镑只值不到 3 马克了；而到 20 世纪 70 年代，就连最高贵坚挺的英国榆树也深受伤害：650 万棵榆树感染了荷兰榆树病。

在文化二，这个曾经孕育莎士比亚和牛顿的国家沦为了美国的海外附属国。比尔·哈利（Bill Haley）的彗星乐队"昼夜摇滚"①，震撼着这片土地；而当不列颠的青少年穿着李维斯品牌的衣服，跟着埃尔维斯·普雷斯利的"魔鬼音乐"旋转时，他们的父母则被比利·葛培理（Billy Graham）的新世界福音迷得神魂颠倒。就连爱玩闹的英国佬在高速公路上横冲直撞时，测量他们到底喝了多少酒的"测醉仪"也来自美国。1968 年，有人竟然买下伦敦桥，将其运往了亚利桑那州哈瓦苏湖城。八年以后，麦当劳来袭，用更糟糕的"垃圾食品"汉堡薯条取代了炸鱼薯条。1979 年时出现了滑板，伦敦所有的人行道都变成了危机四伏的青少年游乐场；那个年代，迷幻药随着震耳欲聋的迷幻乐的传播横跨大西洋。1997 年，一位忍无可忍的前英国教育部部长哀叹道："美国甚至影响了我们悼念的方式。"他抱怨埃尔顿·约翰在戴安娜王妃葬礼上唱了一首写给玛丽莲·梦露的歌："我们的歌手都用粗鄙的美语唱歌了。"

现如今，就连曾经在不列颠发现的从猿到人类进化过程中缺失环节的重大发现，都在 1953 年被质疑并剥夺了——1912 年在不列颠南部采砾场发现的皮尔丹人被证实是一场科学骗局。但最大的羞

---

① 《昼夜摇滚》是比尔·哈利的畅销代表作，此处为双关之意。

辱是十年后，当不列颠后知后觉地想要加入欧洲共同体时，法国总统夏尔·戴高乐将军却让她滚蛋，到别处去叫卖她的商品。1957 年，不列颠还对欧洲经济一体化爱答不理，拒绝加入西德、法国和意大利的经济联盟，她宁愿与世隔绝，沉醉于 16 世纪伊丽莎白时期海上霸主和世界帝国的幻影中。1963 年，经济现实改变了人们的想法。不幸的是，戴高乐严重怀疑不列颠和美国的"特殊关系"，担心这位法国的老对手会打破法国像路易十四一般统治西欧的美梦，并且对英国烧了他最爱的女英雄圣女贞德耿耿于怀。他的仇英心理早已展现在了"二战"期间对待丘吉尔（和艾森豪威尔）的态度上，他为一己私仇和法国的荣耀将英国拒之门外。不列颠尼亚生着闷气，写着小诗，告诉法国她想到了埃菲尔铁塔的好去处，她吹嘘着：

> 我们为曾经欣喜，
> 为阿金库尔和滑铁卢。

    20 岁的伦敦艺术生玛丽·官（Mary Quant）用迷你裙、暴力色、童花头①袭击了法国高级时装，让英国首都成为未来十年的世界时尚中心——摇摆的 20 世纪 60 年代诞生于伦敦，整个盎格鲁-撒克逊都为之喝彩。但是，无论是卡纳比街塑造的摩登一代，那些赞美"纵容社会"的自由福祉、附和披头士乐队摩西之声的人，还是像伊恩·弗莱明（Ian Fleming）笔下永远衣着得体、镇定自若、干翻坏蛋（和洋娃娃）的超级英雄詹姆斯·邦德那样自我满足的人，都无法掩饰这个国家的经济和结构问题。

---

① 起源于中世纪晚期男侍的"布丁盆"发型（头发内卷，垂于耳朵下方，并且有刘海儿），流行于 20 世纪中期。

经济自杀

　　戴高乐寿终正寝，法国也意识到他们需要英国来帮忙制衡德国的经济复苏，于是在1971年允许英国加入欧洲经济共同体（如今不断发展壮大，以形成政治共同体欧盟为目标）。然而，即使加入了欧盟，并且遂了拿破仑的心愿在海底建起一条连接英法的隧道，仍然不能玉制住不列颠蠢蠢欲动的心，她想要颠覆工业革命，把自己从发达国家变回欠发达国家。战后第一任工党政府下品行兼优的工会组织深受维多利亚-爱德华晚期遗产——血腥思想的荼毒。他们的管理愚笨顽固，整个国家深受"小而美"理念的洗脑。20多年来，"人不为己，天诛地灭"①这句名言让英国经济濒临瘫痪。墨守成规、缺乏想象的不列颠商业对新生的计量经济学和美国商学院方法论嗤之以鼻。工人阶级畏惧任何涉及效率的改变，唯恐这会使他们工作不保。商业社会、工人阶级和二十多年的工党和保守党政府都没能注意到一个基本的经济学理论——如果你的工业机器相对整个世界来讲越来越低效，你就不该为了生产越来越少的产品支付越来越高的工资。

　　结果近乎于灾难。那些不可控的莽撞罢工通常是为了工资，但有时只是因为炒了一个工人，结果却将工资推高了240%，随之而来的通货膨胀让不列颠商品在全球市场失去竞争力。1974年，爱德华·希思②领导的保守党政府在一场与煤矿工人、铁路机师和燃气工人的对决中，进入了紧急状态。没有供暖的房屋，没有点

---

① 名言出自1959年的英国喜剧电影《人不为己，天诛地灭》（*I'm all right Jack*），影片对20世纪50年代英国工业生活中从工人、工会至老板之间各个阶层的无能和不同程度的腐败进行了戏谑和讽刺。

② 爱德华·希思（Edward Heath, 1916—2006），英国军人、政治家，曾任英国首相。

亮的广告牌，公路限速 50 英里，最糟糕的是，电视机每晚 10 点半就被强制关机。为了节约能源，整个国家每周工作三天，这使得整个经济更加糟糕，根本无力竞争，甚至无力完成订单。僵持之下，希思不得不召集大选，质问"谁来管管不列颠"。最终，他在大选中战败。工党政府不再有能力管理工会抑或重振经济。罢工让伦敦很不宜居：满地都是垃圾，医院因太冷而关门，甚至连死人都无法入墓。

随着经济危机加剧，两党都涌现出极端主义者。工党叫嚣着要结束与美国的特殊关系，他们要求不列颠政府单方面裁军，撤出欧共体，施行高关税，将银行和工业全面国有化，废除所有的私立学校、私立医院和上议院。保守党同样犯有教条主义，要求英国走一条和 1945 年以来的半社会主义福利国家完全不一样的路：他们呼吁完全自由的市场经济，大幅缩减政府的社会事业支出，将银行和工业全面私有化，将所得税从 83% 大幅降至 40% 以重振经济，并且就算会导致高失业率，也要实现工业现代化。

最终，好运气加上经济实力让不列颠得以咸鱼翻身，那些纸上谈兵的话流于虚无。可见上帝是个不列颠人（更准确地说是苏格兰人），因为他赐给了北海大量的石油和天然气，遏制了通货膨胀（1975 年时达到 25%），也平衡了贸易逆差（最糟糕时曾高达122 亿美元）。同时，留给煤矿工人的时间不多了，他们为了防止煤矿倒闭而发起了多次工人运动。随着国家开始使用天然气、石油、原子能作为燃料和动力，矿工人数从 1920 年的 120 万（每年发生1000 起致命矿难）锐减到 1994 年的 1.5 万，只有 18 个矿场还开张。

撒切尔主义

不列颠政治体制的一大特别之处在于，政党无须拥有多数民众选票，就可以在国会中获得多数席位，从而引发全面的、甚至革命性的变革。事实上，"二战"以来没有哪个政党获得过48%以上的普选支持。1979年5月，就发生了这样一场政治变革：43.9%的选民受够了工会的嚣张气焰和十年来的滞涨（经济停滞伴随着通货膨胀），将选票投给了保守党，于是玛格丽特·撒切尔开始了她十一年半的统治（用亚伯拉罕·林肯的话说就是"让富人变穷并不能让穷人变富"），当时她在下议院拥有339个席位，而工党只有268个。（四年以后，她只获得了42.4%的普选支持，却将席位增加到了396个。）

撒切尔夫人毕业于牛津大学挥金如土的化学系，她父亲在（林肯郡）格兰瑟姆开着一间杂货铺。她实现了一箭三雕：成为不列颠第一位女首相；执政时间是自1820年以来最长的；并且是第一个连续三次领导政党参加大选的人，同时也是150年来首位在任期内被自己的政党轰下台的人。她驯服了工会，并将因罢工而损失的天数降到了20世纪50年代以来最低；她改革了煤炭产业，将国有设施私有化，解除了外汇管控，还和阿根廷打了一场不费时不费力的胜仗（堪称完美）。（争论的焦点是马尔维纳斯群岛，那是一堆布满苔藓的礁石，距离阿根廷海岸400英里，距离不列颠7000英里，上面住着1800名牧羊人，他们并不想成为阿根廷人，还想做不列颠的子民。）这场仗展现出不列颠雄狮之风，大大地振奋了不列颠的士气，说明她还是可以（一定程度上）像个强国一样屹立不倒。此外，工业产值飙升30%；不列颠有史以来第一次

马尔维纳斯群岛战役中，重获活力的不列颠尼亚带领不列颠雄狮占领阿根廷

领跑欧共体；1985 年，不列颠成为美国最大的投资人，投资额占美国海外资本的 24%，而日本只有 10%。俄国人称撒切尔为"铁娘子"，于是这个绰号沿用至今。

撒切尔主义虽然很成功，但是代价高昂，很多人觉得她的处方比疾病本身更可怕。失业人口跃升至三百万，是 20 世纪 30 年代大萧条以来最高的数字。撒切尔致力于实现高等教育"现代化"，根除油腻与自大，却与学术界结了梁子，他们在历史书里将她诋毁一番，进行报复。（撒切尔是唯一一个没有被母校牛津大学授予荣誉学位的退任首相。）她"改革"地方税收——想用人头税代替财产税——引发了1381年式的暴力起义①。她强烈反对不列颠加入欧盟，因为她觉得欧盟会像拿破仑或者希特勒一样毁了不列颠的历史地位，却险些因此毁了自己的政党。这位女士曾经骄傲地宣称"绝不妥协"，1990年，"必须被人服从的她"却被迫辞职，就连她自己的内阁都无法接受她的独裁统治了。然而，脱离了撒切尔的撒切尔主义却被她的继承者、在马戏团当演员的儿子——约翰·梅杰（John Major）延续下来，直到又一个七年以后，他领导的保守党政府因卑劣无能而倒台。然而，今天仍有很多人认为，现任工党首相的托尼·布莱尔不过是披着工党皮囊的"铁娘子"②。

又是爱尔兰问题，
或者说
谁在乎联合王国？

与挥之不去的爱尔兰问题相比，撒切尔主义好像也没那么难以忍受。自打烦人的神强行将这两个小岛摆在一起，还让教宗把翡翠岛赐给英格兰的亨利二世以来，爱尔兰问题就一直没消停。自那时起，无数英格兰战士、政客和牧师前赴后继，试图解决这个问题，却始终没有成功。1921年，不列颠终于得以抽身，任南爱尔兰为所欲为，只把北部郡留在联合王国，大多数人认为爱尔兰问题终于得到解决。北爱尔兰不仅拥有自己的首相和议会，还可以派议员进驻威斯敏斯特，其中新教徒占绝大多数，把持着经

---

① 瓦特·泰勒农民起义，详见本书第三章中"关于国王去世的悲惨故事"。

② 托尼·布莱尔于1997年至2007年任英国首相。本书出版时英国首相是鲍里斯·约翰逊（于2019年正式上任）。

济命脉。

　　然而，到了 1969 年，情况发生了转变。天主教徒增长的速度比新教徒快得多，这让新教徒坐立难安。天主教不愿意永远做经济上的弱者，于是发起了一场民权运动；爱尔兰共和军（爱尔兰共和军曾在 1918 年至 1921 年间与不列颠开战，后来被爱尔兰共和国取缔）中残存的激进的半马克思主义者（semi-Marxist）觉察到这是一个天赐良机，可以实现全面统一爱尔兰的终极目标。新教激进分子却下定决心，就算海枯石烂，也不会让北爱尔兰和它南边的天主教邻居合并。他们与爱尔兰共和军支持的天主教极端少数派发生了冲突，而爱尔兰共和军有来自美国的大力资助，还受利比亚卡扎菲的恐怖主义训练和武装。温和的多数派一如既往地被夹在中间，暴力事件接连发生。之后，不列颠派军队恢复秩序，于 1972 年延缓自治，北部各郡直接受伦敦管辖。爱尔兰共和军认为爱尔兰注定会走向统一，一直尝试劝服不列颠接受其必然性，却最终上演了爆炸和恐怖袭击，不仅伤害了不列颠士兵，还祸害了英格兰民众。

　　"二战"英雄蒙巴顿伯爵是最后一任印度总督、女王丈夫的舅舅和维多利亚的曾外孙，他在爱尔兰钓鱼时被炸得粉碎。（他的国葬仪式与纳尔逊和丘吉尔一样隆重。）此外还发生了一系列暴力事件：伦敦哈罗德百货前发生汽车爆炸；炮弹射入唐宁街 10 号，打碎了瓷器，摧毁了厨房；一位北爱尔兰派驻不列颠国会的议员被暗杀；1984 年 10 月，一枚重达百磅的炮弹击中了布莱顿的格兰德酒店，当时撒切尔夫人的内阁正在召开保守党会议，铁娘子本人毫发未伤，但有四人死亡，三十人受伤。这位天主教和新教极端主义者口中"无耻的婊子"毫无怜悯之心，下令饿死了十个绝食抗议的爱尔兰共和军囚犯。北爱尔兰总共有 3600 多人死于随之而来的一系列暴力事件，其中 59% 死于爱尔兰共和军，29% 死于新教顽固分子，而乘下的则死于阿尔斯特警察和不列颠军队。撒切尔夫人承认，很难想出"一个让一方接受的同时又不让另一方反感的政治举措，但我们必须不懈努力"。不列颠一直在努力，但希望却越来越渺茫。

北爱尔兰的新教统一者嚷着（伴随着杀戮）要留在联合王国，而苏格兰和威尔士的民族主义者却喊着要离开。八百年来，不列颠群岛多方交战，但似乎命中注定要走向一个中央集权的联盟。然而，20世纪50年代，事情发生了大反转。苏格兰人偷回了他们的司康石，又开始庆祝1314年班诺克本战役中苏格兰国王罗伯特·布鲁斯（Robert Bruce）战胜爱德华二世——这是苏格兰人唯一的一场胜仗。苏格兰人称罗伯特·彭斯（Robert Burns）为文化英雄，广泛传颂他的盖尔语诗篇，同时声称所有在不列颠文化和社会中有价值的东西都是苏格兰的，包括北海的石油和天然气。毕竟，詹姆斯·巴里（James Barrie）的彼得·潘，柯南·道尔（Conan Doyle）的夏洛克·福尔摩斯，大卫·休谟（David Hume）的哲学，约瑟夫·李斯特（Joseph Lister）的医学发现，罗伯特·史蒂文森（Robert Stevenson）的《金银岛》，詹姆斯·瓦特（James Watt）的蒸汽机，都是苏格兰的。民族主义者以严密的高地逻辑指出，苏格兰已经有了自己的法律、教堂、资金和电视，为什么不能拥有自己的政治身份？威尔士对于韭菜①和那种除了自己以外别人都不会读也不会说的语言②的热爱倒是没有那么沙文主义，但是他们对

①　苏格兰特产野韭菜。
②　苏格兰盖尔语以难懂著称。

盎格鲁–撒克逊邻居长达七个世纪的剥削心怀怨念。尤其气愤他们挖走了威尔士的煤（然后又抛弃了威尔士的煤），点燃了一场对威尔士没有半毛钱好处的工业革命，而且威尔士所有景观房都被英格兰人买下做了度假村。凯尔特边境呼声遍地，是时候重新考虑考虑凯尔特土著和盎格鲁–撒克逊移民之间的法律关系了。

1999 年，工党政府在威尔士和苏格兰选民的帮助下上台，为了报恩向凯尔特民族主义者献上了联邦制原则，允许威尔士和苏格兰拥有各自的代表机构，即苏格兰议会和威尔士议会。

注水的联邦制能否遏制住民族主义浪潮还有待观望。但至少现在，苏格兰就像往常一样同时拥有了鱼和熊掌；它不仅自己管自己，还能往不列颠国会派议员，没事儿就管管南部邻居的私事。所以，也就可以理解英格兰人为什么感到不开心了。

更多噩运

英国人慢慢适应了爱尔兰的恐怖主义，相信经济危机最糟糕的时候已经挨了过去，祈祷着他们虽然因为不知道犯了什么罪——可能是赢了"二战"——而惹怒了上帝，也已经受够了噩运的惩罚，却偏偏迎来了一系列新的苦难。全球最知名的保险公司——伦敦的劳合社，因决策错误和运气不佳而濒临破产，1988 年至1991 年间损失了 110 亿英镑，主要是因为他们赌天气——这可从来都不是什么聪明的买卖。20 世纪 80 年代末，疯牛病使牛的数量急剧下降，最终有 17.6 万头牛死亡，400 万头被宰杀，随后十年都没人愿意买英国牛肉。1992 年对于女王伊丽莎白二世来说是多灾多难的一年——温莎城堡中一些最富历史盛名的部分，包括圣乔治礼拜堂，在大火中焚毁；针对到底谁拥有这个城堡和谁该付 110 万英镑的账单的问题，引发了一场喋喋不休的争论；最糟糕的是，王室后裔在八卦小报上出尽洋相，让他们的父母格外难堪。

英国的离婚率是欧盟里最高的，而女王的四个孩子中有三个离婚，这个比率甚至远高于全国均值。1981 年，威尔士亲王、王位继承人查尔斯犯了个错误，娶了格外上镜的少女戴安娜，戴安娜迅速赢得了每个人（除了查尔斯）的心，抢走了王室的风头（让王室很生气），并且成为全球媒体的宠儿——她泰然自若、美丽大方，但无论对于既缺乏魅力又呆板无趣的君主制政体，还是对于 44 岁面临中年危机的丈夫来说都格外危险。查尔斯迎娶了年轻活泼的新娘，重新焕发青春，满足了父母的要求，保住了自己的继承权，但也抛弃了他的情妇——旧时密友的妻子卡米拉·帕克 - 鲍尔斯（Camilla Parker-Bowles）。这场婚姻始于一场童话般的婚礼，全球数亿人通过彩色电视观看他们的仪式。随后这场婚姻迅速恶化成一场闹剧，扰乱了对王室来说格外重要且经过精心营造的体面和神秘的气氛。这对夫妇于 1992 年分居，双方指责彼此出轨，四年以后他们的婚姻以一场激烈的离婚告终，查尔斯继续照顾他的有机花园和卡米拉·帕克 - 鲍尔斯，而戴安娜则在 1997 年 9 月巴黎的一场车祸中香消玉殒。相比之下，查尔斯的弟弟（直升机飞行员安德鲁）和妹妹（马术大师安妮）的离婚就显得平淡无奇了，然而，对于因叔叔不能娶一个离过两次婚的美国人而最终继承了王位的伊丽莎白二世来说，那几年算得上多灾多难了。

即使这座（被困主的）小岛悄悄溜进了 21 世纪，它还是不确定上帝是不是愿意翻篇。为了迎接新千禧年而设计的焰火很尴尬地没点着；史上最严重的口蹄病疫情给不列颠的农业和旅游业造成了大约 32 亿美元的损失（不得不封锁全部乡村）；象征跨入新世纪的创新结构——千禧穹顶，也饱受延期和灾祸的困扰，它的外形看起来很变态——一个巨大的像荷包蛋一样的鼻涕虫，长着金色的穗状触角，由此引发了激烈的争论，所有人都怀疑它是不是像支持者说的那样："可以战胜犬儒主义。" 2001 年，劳合社遭受有史以来单笔最大损失——因 "9·11" 美国世贸大楼遇袭赔偿 28.7 亿美元。

一点点 "小确幸"

上帝出了名的任性反复证明不想让英国人太早玩儿完，千禧穹顶或许还真为大不列颠开启了一个新纪元。整个国家的物质享受和生活条件比半个世纪前噩运刚刚降临时好上两倍。女王的臣民如今享有史上最好的住房、食品、教育和医疗条件，贵族再也不能指望像维多利亚在位时那样比普通人多活上 15 年，长高 5 英寸。尽管小报的报道可能让人不以为然，但伦敦再次成为欧洲最富有（也是最贵）的城市，并且在所有西方工业国家中的犯罪率（但不包括偷盗）是最低的。

政治上，1997 年，托尼·布莱尔领导的工党在下议院占据了多数，史无前例地获得了 419 个席位（但是只有 43.2% 的普选支持率），随后整个不列颠进入了不同寻常的美好时代。工党政府暂时放下了教条式的解决方案，放弃对银行和工业进行国有化改制。如今的 "新工党" 政府更喜欢用动物保护法而不是社会主义让保守党忐忑不安，他们想要废除贵族最喜爱的娱乐活动——猎狐。更重要的是，工党和工会分道扬镳，减少了工会对于政策的影响，还宣扬要满足其他选民和权利基础的需求。工党会"公平，而非偏袒"工会。工会对这个新方案很不满意，但是鉴于工会人数急剧下降，已经从 20 世纪 70 年代末占全部工人的 53% 滑落至 2003 年的 28%，他们的政治影响力也随之减弱。如果不能得到选票，也就无法指使这些政客。

工党不再反对不列颠与欧洲大陆更紧密地融合在一起，并且承认 1994 年海底隧道通车代表了一个崭新的未来。但即便是热情洋溢的布莱尔先生也没能说服这个国家放弃女王头像作为不列颠货币的象征，转而采用欧盟的通用货币欧元。同时，不列颠和美国的"特殊关系"依然坚挺。最开始撒切尔夫人和罗纳德·里根关系甚好，后来她又在伊拉克入侵科威特时煽动了乔治·W.布什（她曾对布什说"乔治，你不要再腻腻歪歪的了"）。随后在 1991 年，约翰·梅杰加入海湾战争，托尼·布莱尔又在阿富汗和伊拉克给予了美军大力支持，使得两万英军在第二次海湾战争中与美国大兵并肩作战。首相支持布什总统为了摧毁大规模杀伤性武器而"先发制人"袭击伊拉克，并为此付出了沉重的政治代价。2005 年 5 月大选，反战情绪摧毁了工党的绝大多数席位，他们在下议院 646 个席位中的 412 个中只剩下 355 个，丢了 57 个，并且只赢得了 36.1% 的选票，是史上赢得竞选的政党的最低纪录。

上议院的改革几乎没有激起一丝波澜。所有人都认为上议院满是世袭贵族，实在与时代脱节，他们中的大多数人对艰苦的立法工作一点兴趣都没有，但是至今都没人想明白用谁来替代他们。妥协法案让上议院 796 个世袭贵族只剩下了 92 个，还剩 550 个终身贵族（一度包括玛格丽特·撒切尔、演员劳伦斯·奥利弗等）和 26 名英国国教的高级教长。目前为止，选举原则在处理这些堆积的政治弃物和执政党密友方面还是没什么进展，更不用说让议员参加考试了。

　　上议院的未来和101岁王太后去世的消息引起了全球媒体的关注[①]，证明文化纽带依旧把英语国家和欧洲西北海岸外的"大西洋群岛"紧紧相连。这就解释了为什么伦敦希思罗机场是欧洲最繁忙的机场，以及不列颠航空为什么是全球最大的航空公司。（每年有1420万美国游客来到不列颠，比法国和德国游客加起来都多。）不列颠或许已经失去了她的政治帝国和经济霸权，但她依然拥有无与伦比的文字和历史。英语是全球通用语言。日本在1940年10月加入德国和意大利的三方防御协议时，谈判语言就是英语；如今这种盎格鲁–撒克逊方言是商业、科技、旅游和互联网的国际语言，也是欧盟最广泛教授的第二语言、英联邦的共同语言。英联邦是54个国家（伊丽莎白二世是其中11个国家的元首）组成的多民族、多语言集合，他们都曾体验过英国君主立宪政府和法律。难怪不列颠是仅次于美国的第二大电视节目出口国；芭芭拉·卡特兰（Barbara Cartland）的浪漫小说（中的723篇）在全球销量超过五亿本；上亿人爱上了哈利·波特和玛丽·波平斯，他们展现了英国人神奇的创造力和对魔力的痴狂；而英国演员正忙着将好莱坞变成英国殖民地。很难想象一个没有英国的世界：没有三明治、没有邮票、没有救世军、没有圣诞贺卡、更不用说没有代议制政府、习惯法和童子军。这些都给足了"英格兰永存"的信心，而英国人将继续"混日子"，戏谑自己，戏谑历史。18世纪英国的一位三流剧作家所言不假："当你告诉英国人他们完了的时候，他们最开心。"

---

① 2002 年 3 月 30 日，英国女王的母亲（王太后）逝世。

第六章
皇家肥皂剧

　　不列颠的经济、政治和社会历史或许已淡出人们的记忆，但温莎王室没有，一大堆关于王室家族的纪录片、电影和传记证明他们依然让人浮想联翩、难以忘怀。然而万事都是相对的，以当今小报的标准来看，伊丽莎白二世的那窝熊孩子的桃色纠纷非常吸人眼球，但放在王室31代的历史中根本不值一提。伊丽莎白的血统通过征服者及其儿子的妻子们，可以追溯至韦塞克斯王朝的建立，但仅从威廉一世算起的话，她是不列颠的第42位君主。在这940年里，她有九位祖先篡夺王位或者说忽视"正统"继承，四位或者五位死于谋杀，一位死于公开斩首，两位精神失常，一位战死沙场，还有四位"退位让权"。婚姻方面，有杀了两个老婆还和另外两个离了婚的，有把老婆关了二十年的，还有为了和离过两次婚的美国情妇结婚而放弃了王位的。王室情妇成群，私生子更是多得数不过来：亨利一世认了二十个私生子（九个儿子、十一个女儿）；亨利二世有两个；约翰、爱德华四世和亨利八世至少各有一个；精力旺盛的查理二世有十四个（如今有许多人宣称自己是查理的后裔）；詹姆斯二世有四个；乔治一世有两个；乔治二世有一个（但是没认）；威廉四世有十个。从那以后，不列颠君主更忠诚也更谨慎。为了履行王室职责，生下合法的王位继承人，威廉一世有九个孩子，亨利二世有七个（他老婆埃莉诺和法国的路易有两个女儿，还有一个儿子说不清亲爹是谁），爱德华一世有十五个（也可能是十七个），爱德华三世有十二个，爱德华四世有七个，安妮有六个（都英年早逝），乔治三世有十五个，维多利亚只有九个。最后，有一个媳妇谋划推翻了她的丈夫并将之杀害，还有一个也竭尽全力但是失败了，所幸成功干掉了情妇。没有哪出现代肥皂剧能有如此壮观的血腥、阴谋、不忠、丑闻和床上时光了。

威廉一世
（1066—1087 年在位）

人们经常在背后称威廉一世为"私生子威廉"，他对此极为敏感。在他老家诺曼底，反叛的村民嘲笑他不正统，于是他相当"强硬"，将这些人活剥，把他们的皮挂在了城墙上。他是诺曼底公爵、"恶魔"罗贝尔和皮革匠之女阿莱特的爱子；这对于成为一名公爵来讲，可不是一个好的开端，但他有刀剑，或者说杀戮的天性。正如某位史学家所写，征服者威廉"没有朋友，生性多疑、贪婪、冷酷，做事肆无忌惮、残忍无情，他表面上笃信宗教，却为达目的不择手段"。这就是为什么他能够征服英格兰，并且能够牢牢掌

征服者威廉，没有朋友

控英格兰和诺曼底长达 21 年。一位斯堪的纳维亚诗人曾写道："如今冷酷的心肠和血腥的双手统治着英格兰。"但就连盎格鲁 - 撒克逊人也不得不承认，征服者让他的新领地格外安全，"任何一个诚实的人都可以怀揣黄金游遍王国而不受伤害……如果有人强奸妇女，就会即刻被阉割。"

那时的人们认为威廉风度翩翩，没人能像他一样"在飞驰的骏马上搭弓射箭"，"无论站着还是坐着"，他从未有失尊严，"尽管他那隆起的肚子让他高贵的身躯变形"。作者没有说的是，他死后失去了所有的尊严。有人偷走了他的衣服，他的尸体裸露地躺在地上，埋他的时候因为肚子太大而无法被塞进石棺里，后来用力一猛便炸开了，熏得牧师和主教当即遁走。就连下葬后，这种羞辱也没停，他的墓被挖了两次：一次是加尔文主义者在16世纪发动法国宗教战争时，还有一次是法国大革命时。威廉一世尸骨无存，只在卡昂的圣斯德望教堂留下一块石板，表明那可能是他最初的安息之所。

威廉二世
（1087—1100 年在位）

威廉二世比他爸爸的名声差多了，因为他和牧师、僧侣们的关系不好，这对他的声誉影响很大。那个年代，神职人员书写历史，他们向全世界疾呼威廉二世的不公。他是一个"被全国人憎恨，连上帝都厌恶"的国王。征服者原本打算把英格兰和诺曼底都给他的长子罗贝尔，但罗贝尔是个无法回头的浪子，他在威廉临终前还和他大吵一架，所以最终只得到了诺曼底，而他弟弟威廉得到了英格兰。威廉二世继承了他父亲的惊人力量、骁勇善战和大肚腩（但没继承后移的发际线），他统治的大部分时间都在和罗贝尔争诺曼底。威廉甚至劝他哥哥把诺曼底抵给他三年，他每年付一万银币，这样罗贝尔就可以去十字军东征了。要是威廉没有在新森林打猎时过世的话，诺曼底大概就永远被他吞并了。当时一名叫沃尔特·泰雷尔（Walter Tirel）的侍从"意外地"射中了威廉，随后机智地逃离了现场，从此再也没有听说过他的名字。国王被葬在了温彻斯特大教堂的塔楼里。对于当时的神职人员来说，塔楼转年就塌了象征着正义，但是他们也不得不承认"塔楼本身也没建好"。

亨利一世
（1100—1135 年在位）

亨利一世是征服者三个儿子中最小的一个，当泰雷尔的箭射中威廉的心脏时，他也在新森林。他任哥哥的尸骨躺在原地，自己火速奔至温彻斯特夺取王室财产，然后起身前往伦敦，急急忙忙地在威斯敏斯特大教堂加冕。威廉中箭（或者说被谋杀）三天以后，他才捡起了但哥哥的尸骨将其妥善埋葬。与此同时，可怜的罗贝尔第二次遭受冷落，他此时还在十字军东征返程的路上，刚刚到达意大利。罗贝尔垂涎英格兰，而亨利觊觎诺曼底，最终两兄弟开战。结果罗贝尔输了，他人生中的最后 28 年（他活到了80 岁）在威尔士的加的夫城堡中度过。亨利是阿尔弗雷德以来第一个有文化的英格兰国王，一个"不喜欢与人争斗"的书呆子。然而，他有本事统治国家并维护和平。让他名留青史的"公正之狮"是一只残忍的野兽，据说当年有铸币工人因为弄虚作假而被下令砍掉了右手和睾丸。他有三位正统继承人，还有 20 个（也有可能是21 个）私生子，因此赢得了"光荣国父"的称号。

他 67 岁时去世，（传说）死于过度食用七鳃鳗，他真的太爱鳗鱼了。他留下了一场继承危机，因为他唯一的合法继承人是他任性又火爆的女儿玛蒂尔达，和她不受待见的丈夫安茹的若弗鲁瓦公爵。亨利去世前一年，玛蒂尔达的丈夫还就封地问题与亨利发生了争执，所以他临终前周围都是另外两名王位候选人的支持者——一名候选人是亨利最喜欢的私生子格洛斯特的罗伯特伯爵，还有一名是他的外甥斯蒂芬。玛蒂尔达的时运和她伯伯罗贝尔一样差，她也丢掉了英格兰王冠。

玛蒂尔达和斯蒂芬
（1135—1154 年在位）

绝大多数王室宗谱都不把玛蒂尔达当作真正的不列颠君主——这就是为什么伊丽莎白二世只是第 42 任而非第 43 任君主——因为，尽管她和表哥斯蒂芬为了王位打了 12 年，她从未加冕，但是斯蒂芬却加冕了。她最多只能算"英格兰和诺曼底夫人"，而非女王，那些说话算数的英格兰和诺曼底的贵族们并不喜欢玛蒂尔达。即便传言她是"女儿身男儿心"，但她毕竟是个女的。

可斯蒂芬是个男的，而且还是英格兰最有钱的地主，他以迅

一代无政府统治，在此期间"基督和他的圣徒"都睡着了

雷不及掩耳之势保住了王冠，夺取了温彻斯特的王室财产，还安排坎特伯雷大主教将他受膏为王。这样一来没人能否认他是合法的君王了，但自他受膏之日起便面临无政府状态和战争侵扰，除了贵族以外人人遭殃，"基督和他的圣徒"都睡着了。斯蒂芬被恰如其分地描述为"一个温文尔雅的人，但处事不公"。1153年，他被迫接受玛蒂尔达的儿子亨利·金雀花（Henry Plantagenet）作为他的法定继承人，所有人都松了口气。九个月之后，斯蒂芬去世，而看到他终于离开，就连贵族们都很开心。

亨利二世
（1154—1189 年在位）

　　好莱坞电影编剧和剧作家们最无法抗拒的就是政治权力与家庭纠纷交织在一起，同时还有两个魅力非凡又意志强大的主角。亨利二世和阿基坦的埃莉诺就兼具二者。他们在1152年5月12日结婚，两年后亨利成为英格兰国王。他当时19岁，而她30或31岁。他们是那个世纪最糟糕的结合，因为亨利是诺曼底公爵、安茹伯爵和公认的英格兰王位继承人，而埃莉诺是阿基坦女公爵、普瓦图女伯爵，他们的婚姻使英格兰和大半个法国合二为一。亨利魅力非凡，藐视宫规，是行走的荷尔蒙，"每天都像上学一样"什么都读，而且精力充沛，永不停歇，搞得周围每个人都很累。除了吃饭和骑马外屁股不碰椅子，每次他一出现，朝臣们都得站着，而且他永远东跑西颠，到处视察政策的执行情况。这么看来真的不能埋怨每天加班加点的仆人将他的宫廷描述为"地狱的完美写照"。国王需要全部的脑力和体力管控他的家族、他的老婆和硝烟

埃莉诺给了罗莎蒙德两个选择：匕首或毒药

四起的封建帝国。但最后，他哪边都失败了。

埃莉诺离过婚，给法国路易十一生过两个女儿，因为近亲的关系以及路易十一的无能（路易十一更像个僧侣，而不是丈夫）而离婚了。埃莉诺聪明伶俐，很有教养，从巴黎到罗马、从安条克到耶路撒冷，埃莉诺在上层社会如鱼得水，她对待性爱与阴谋好似飞蛾扑火。她给她的年轻丈夫生了八个孩子（五个儿子三个女儿），但也带来了足够多的麻烦，不输任何一出现代肥皂剧。据称，她谋杀了她丈夫的一个情妇——号称"自然的杰作"的美丽的罗莎蒙德，自那位女士死后，她又囚禁了另一个情妇。此外，她还是挑拨父子关系的"两面派"，煽动家族纠纷让儿子们和他们的父亲反目成仇，以至于亨利对他的继承人理查的最后一句话是"祈求上帝不要让我死去，直到我向你报了仇"。

亨利转过来求教宗允许他和埃莉诺断绝关系，教宗没有同意，于是他在生命最后的 16 年里，把他老婆囚禁了起来。但即使在石墙后面，埃莉诺依旧是个危险的敌人，因为她本身就是一个封建巨头，可以差遣上千名封臣，而且她可以继续撺掇她的儿子们与其父亲反目。亨利死后，她在阿基坦管理自己的宫廷，同时成为她儿子理查和约翰统治时的权力中心，直到 82 岁时去世。一位编年史作者很理解她，说她是"一个非常智慧的女人……但不安分"。

理查一世
（1189—1199 年在位）

对理查一世的评价褒贬不一。对那时的人们来说，他是君主的典范、基督教骑士的化身，将生命献给了上帝、战争和美丽的诗篇；但是对许多现代史学家来说，他是个反面人物，"坏儿子、坏兄弟、坏老公、坏国王"。不可否认，理查确实不是什么好儿子，亨利二世肯定是这么想的。但如果仅仅因为他的兄弟们特别坏，就说理查是一个坏兄弟，这就要好好讨论一番了。至于作为丈夫，理查多半是个同性恋，他 34 岁时和纳瓦拉的贝伦加丽娅（Berengaria）结婚纯粹出于政治目的。最终，那些对他的骑士精神、十字军东征和法国领地毫无兴趣的英国史学家们认为他作为国王非常失败。他们总是说，理查统治的十年间只在他的小岛上待了不到六个月。作为一名英格兰君主，他对政府唯一的贡献似乎就是成功地测试了他父亲创建的财政和管理结构的效率。他从耶路撒冷东征返程途中，被奥地利公爵囚禁，整个国家竟然筹集到 10 万英镑支付赎金。理查是在保卫法国领土时肩部中箭而死的。当时他折断了箭，直到战争结束时才处理伤口，而玩忽职守的医生（后来掉了脑袋）随随便便地拔出了箭头导致伤口感染，理查临死前乞求把他葬在父亲的身边，据说"他或许会在另一个世界祈求父亲的原谅"。

约　翰

（1199—1216 年在位）

约翰可以与理查三世竞争史上最坏的国王，但是和理查不同的是，只有心理历史学家在努力重塑他的声誉。他有精神病，这似乎可以为他开脱。约翰是和理查德·尼克松类似的人——很有能力，也有很多缺陷。事实上，如果他不是一个意志强大、善于管理的君主的话，又怎能将封建财权发挥到极致甚至超越极致，也就更不可能有《大宪章》了。约翰是亨利最喜欢的儿子，但这

约翰国王日常暴走

也没能阻止他见风使舵、密谋造反。约翰背叛的消息害死了亨利，亨利最后一句连贯的话是："够了……我不在乎我自己了，什么也不在乎了。"

约翰因为经济原因娶了他的表妹、英格兰最有钱的女继承人——格洛斯特的伊莎贝拉，但在1199年加冕后没多久，便又疯狂地爱上了另一个伊莎贝拉，这位18岁的年轻姑娘是法国昂古莱姆的女继承人，已经和隔壁家地主订了婚。约翰安排教宗废除他的第一段婚姻——请注意，亨利八世也无非想要这样，但没有成功——并娶了这位年轻小姐。她愤怒的未婚夫迅速与法国国王腓力和约翰 16 岁的侄子及其王位竞争者亚瑟·金雀花组成战队。他们一起挑起战争，最终使约翰失去了部分南阿基坦以外的全部法国领地。在冲突的早期阶段，约翰是成功的，他在 80 岁老母亲的帮助下成功地抓住了亚瑟，亚瑟从此杳无音信。虽然从来没有证据能证明约翰下令谋杀了亚瑟，但是除了其他乱七八糟的头衔之外，约翰还是喜提"坏叔叔"之名，让他得以和理查肩并肩。或许提及约翰最好听的话就是 17 世纪史学家理查德·贝克（Richard Baker）那句"鉴于他的王室子孙延续至今，我们还是尊重尊重他吧"。

亨利三世
（1216—1272 年在位）

1216 年，亨利三世即位时年仅九岁。他那么小，要不是没有觊觎王位的"坏叔叔"，他的寿命可能不会太长。就算没有讨厌的七大姑八大姨，他的继位也并不轻松。他连王冠都没有——他爹把王冠丢在了流沙里——鉴于贵族们仍在造反，法国还派了军队外援，他只能匆匆忙忙戴上临时的王冠。所幸约翰一归西，贵族们的抱怨也随之而去，他们中的大多数转头抵抗他们的法国盟友，使亨利得以开启他长达 56 年的统治。这位年轻的国王极其虔诚，总体温和，偶尔乖张，虽然没被邪恶的叔叔毒害，但被贪婪的亲戚们几近吞噬。14 年前，他妈妈没能嫁给未婚夫休·德·吕西尼昂（Hugh de Lusignan），于是待约翰一去世便火速与之成亲，还生下一帮哇哇乱叫的孩子，他们长大后便找他们同母异父的王兄讨要好生活。此外还有亨利的老婆、普罗旺斯的埃莉诺和她那些漂洋过海前来陪嫁并留下来的亲戚们。亨利任命他的叔叔

亨利三世，没什么本事，大手大脚，还耳根子软

贝莱的卜尼法斯（Boniface）为坎特伯雷大主教，封另一个舅舅萨沃伊的托马斯为里士满伯爵，并赐给他泰晤士河畔的土地，让他在那里建了萨宫（就是现在河岸街的萨沃伊酒店所在地）。亨利是一个没什么本事、大手大脚、耳根子又软的国王，但他在建筑品位和忠诚度方面都出类拔萃。他忠于妻子，还以法国哥特风重修了威斯敏斯特大教堂来缅怀自己的王室祖先和最喜爱的圣人——忏悔者爱德华（1161年封为圣人），并以他的名字命名了自己的长子，于是爱德华是第一个拥有英文名字的诺曼-金雀花国王。

爱德华一世
（1272—1307 年在位）

不论亨利作为国王有多么失败，他都是一个非常成功的父亲。在亨利漫长的统治期间，他的儿子们对他的忠诚非常持久，一点儿也不像金雀花王朝。当亨利年事已高，老大爱德华便开始代他执政，而等到33岁的爱德华正式即位时（1271），已经是一位很有经验的战将和统治者了。为了庆祝他的登基，整个王室足足欢庆了两周，吃掉了380头牛、430只羊、450只猪、18头野猪和20000只各种各样的禽类。为了向新王表达敬意，苏格兰国王带了上百名骑士前去大吃了一顿。

爱德华有他父亲没有的一切。身高6英尺2英寸（18世纪时，一些求知欲极强的古文物收藏家打开过他的墓穴）、深色头发、长得很帅、脾气火暴，他曾和圣保罗大教堂的主教发脾气，那个不幸的牧师后来真的翘辫子了。爱德华在历史上号称"英格兰的查士丁尼"、法典制定者，在他的统治时期，"普通法的体制、框架、

爱德华一世，33 岁就成为经验丰富的战士和统治者

范例都井然有序"，与普通法相对的习惯法的概念也初见雏形。但是没有铁腕执行的法律都是纸上谈兵，于是爱德华毫不犹豫地通过法律野蛮地执行自己的意志。在爱德华的统治下，惩治叛国有了新玩法：叛国者会被马拖到处决的地方处以绞刑，在他还有意识的时候被砍倒、阉割、剖腹、斩首、大卸八块。遇到极其重要的犯人，还会把他的脑袋穿在杆子上在伦敦桥示众。威尔士英雄大卫·卢埃林（David Llewellyn）和苏格兰勇士威廉·华莱士（William Wallace）就获得了这样的待遇。还有一些更令人毛骨悚然的刑罚——还记得那一块块人皮吧——表明爱德华重拾起古老的撒克逊习俗，即凡有人打劫教堂，就活剥了他的皮，并把皮钉在教堂的门上。1303 年，有些僧侣企图抢劫国王保存在威斯敏斯特大教堂的财宝，就遭受了这般摧残。

我们还是说点温柔的吧，爱德华娶了卡斯蒂利亚的埃莉诺。当时他15岁，埃莉诺9岁。埃莉诺是卡斯蒂利亚公主（Infanta of Castile），不列颠人念不清楚，于是就变成了大象城堡（Elephant and Castle），并由此命名了一家酒吧和伦敦地铁贝克卢线的最后一站站名。国王和王后幸福地生活在一起，生了15个（可能还有2个）孩子。埃莉诺享年44岁，去世时在诺丁汉郡的哈比，爱德华在送葬队伍回伦敦途中每晚停留的地方都建了石头十字架，即埃莉诺十字架。伦敦老城外的查令十字街是最后一站，此地也因此而得名。

爱德华二世
（1307—1327 年在位）

爱德华二世独树一帜，就连修正主义历史学家都不愿意为其正名。他金玉其外——身材匀称、精力充沛——但无论作为一个男人还是一个国王来讲，都是败絮其中。他"不务正业"，喜欢砌墙添瓦、划船游水——都是些他的贵族们瞧不上眼的活计。更糟糕的是他的倾向，正如一位学者婉转所述："与一些有志青年坠入情网，并受其操控。"不幸的是，这些"有志青年"也未能讨得贵族们欢心，更不受爱德华的妻子法兰西的伊莎贝拉待见。伊莎贝拉给他生了两儿两女。可见如果爱德华想的话还是能够履行他的王室职责、繁衍后代的。可他不总这么想，他先是迷恋一个叫皮尔斯·加韦斯顿（Piers Gaveston）的法国青年，后又是年轻有为

爱德华二世交出了他的王冠

的英国人休·德斯潘塞（Hugh Despenser）。备受冷落的伊莎贝拉最终搞垮了她的丈夫。她和威尔士边境有权有势的地主、也是国王不在时她的室友罗杰·莫蒂默（Roger Mortimer），以及14岁的王位继承人、年轻的爱德华王子，还有一群心怀不满的贵族和一支跨国雇佣军联手推翻了德斯潘塞，俘虏并废黜了国王，逼他让位给他的儿子，最后将他杀害。

　　传说爱德华的死因是在他直肠里面放了一个漏斗，漏斗里面插入一根滚烫的火钳，这样才能不留痕迹，这个传说有文可查，但既不能证实也无法证伪。事实上，大多数与爱德华关系密切的人都死于非命。加韦斯顿被绞死，然后被恶狗分尸。德斯潘塞也被绞死，然后大卸八块，还"砍掉他的小弟弟，然后当着他的面烧掉"。国王的堂兄、有权有势的兰开斯特伯爵托马斯被斩首。而罗杰·莫蒂默也在1330年被小爱德华三世罢免，那时17岁的小爱德华决定是时候该自己掌权了，于是以叛国罪在泰伯恩绞死了莫蒂默。只有被骂作"法兰西母狼"的伊莎贝拉得以幸免，她人生的最后28年被她儿子软禁了起来。

爱德华三世
（1327—1377年在位）

　　17岁的年轻国王朝气蓬勃，沉迷于亚瑟王和圆桌骑士的侠义气氛，在百年战争的前几十年里赢得了他渴望的荣光。但他在不列颠历史上唯一的痕迹就是嘉德勋章，还有一大帮儿子。

　　传说起因是爱德华从舞池中捡起某个少女掉落的袜带，另有传闻说是索尔兹伯里女伯爵故意脱了袜带色诱国王。不管怎样，

嘉德勋章的两版起源

爱德华都拿起了那个东西。他物归原主时正应了那句老话"心怀邪念者蒙羞",随即创立了最高贵的嘉德勋章(直译为"袜带勋章")骑士团,由他自己、他的长子和24位骑士组成。他在温莎城堡的圣乔治礼拜堂分给每个骑士一个小窟窿摆放他们的勋章,这成为全世界最壮观的封建排场之一。

爱德华的繁殖能力同样壮观:他有七个儿子、五个女儿。其中六个儿子长成金雀花巨人,最高的莱昂内尔有6英尺7英寸,还有五个孩子的子嗣把随后108年的王位继承搅得一团乱麻。1377年老国王去世,留下了10岁的孙子理查二世继承王位。对于一段开始时生机勃勃的统治来说,结局未免有些惨淡。爱德华年过六十开始走下坡路(可能是得了阿尔茨海默病?),65岁时变成一个孤独无助、任人摆布的老人,死在了情妇的床榻上,而情妇当即戴着他手上的戒指跑路了。

理查二世
（1377—1399 年在位）

理查兼具约翰和爱德华二世的很多缺点。他是一个强势的国王，秉承亨利二世和爱德华一世的中世纪做派，可惜手段不强，也没发现今时已不同往日，贵族和国会比以往任何时候都更加强大。他像爱德华一样也是个门外汉，注重王权的形式而非实质，他发明了口袋方巾（贵族们更喜欢用自己的袖子），喜欢洗澡（最娘娘腔的特质），还穿着镶有价值 1000 英镑珠宝的服饰（普通人一年的生活费是 2.5 英镑）。遗憾的是他的加冕也预示着他的统治生涯。当时，王冠对于 10 岁的小国王来说太大了，他本该坚持住整场加冕，却在结束前就睡着了，然后被扛出了威斯敏斯特大教堂，放在了床上。

理查的叔叔们让他活到成年还真是不错，但从长辈的角度来说，他们的克制某种程度上是个错误。1397 年，理查谋杀了他的叔叔格洛斯特公爵托马斯，转年放逐了他叔叔冈特的约翰的儿子兼继承人——亨利·博林布罗克（Henry Bolingbroke），先是放逐六年，后来改成了终生。由于博林布罗克本人再加上他老婆足以号称整个国家最富有的贵族之一，他父亲一死，他成为兰开斯特公爵，也就是比国王权势更大的大亨，所以把他送到法国或许是一个明智之举。

理查一直深爱着他的妻子——波西米亚的安妮。安妮于 1394 年去世，理查在威斯敏斯特大教堂建造了一座华丽的双人墓穴，摆有两人永远手拉手的雕像。安妮死后，理查生性大变，他喜怒无常，难以捉摸，专横跋扈，最终导致他被废黜，被迫退位，并

现今只是:皮尔多的理查爵士的理查二世，死于忧伤过度

于 1399 年去世。兰开斯特方面的消息称，理查因"心碎"致死 [即
（被）饿死]；而其他消息称，皮尔斯·埃克斯顿（Piers Exton）爵
士才是杀人凶手。不管真相如何，在新兰开斯特王朝的计划里，
前任国王是没有容身之处的，就把理查当作波尔多的理查爵士就
好了，而兰开斯特王朝的开国国王亨利·博林布罗克，就是如今
的英格兰亨利四世了。

亨利四世

（1399—1413 年在位）

一旦一个过于强大的臣民篡夺了王位，就会开创一个很危险

身心紧张的亨利四世

的先例。亨利统治的大部分时间都在为生存奔波，尤其是当他昔日的贵族小伙伴们觉得新王并没有向他们表达足够的感激。幸运的是，1399年的亨利已经是个42岁的老将，精通战争和管理。读过莎士比亚作品的人都知道，他战胜了威尔士和企图瓜分王国的贵族叛军。然而，胜利是有代价的。亨利过于身心紧张，成天疑神疑鬼，还起了湿疹，当时人们将之和麻风病混为一谈，觉得一定是上帝惩罚他篡夺王位。他人生最后时日被那个让所有君主头疼的问题困扰——即统治者和继承人之间的关系。在莎士比亚的小说中，年轻的王子、蒙默斯的亨利在国王还健在时就试戴了他的王冠，可见垂死的国王和蠢蠢欲动的继承者之间的紧张局势。1413年3月30日，一切画上了句号，随后英格兰历史上最令人难忘的国王之一闪亮登场。

亨利五世
（1413—1422年在位）

"狮心王"理查才是君王典范，亨利二世和其他强大王权的缔造者都不算数。理查一世将骑士精神与虔诚信仰、骁勇善战与东征热忱结合，而年轻的亨利五世不亚于他。十字军东征的时代结束于1413年，但是军事法典和骑士精神依然束缚着15世纪的思想。从亨利五世教育经费的优先顺序——"琴弦八便士、剑鞘十二便士、一套（七本）语法书四便士"——可见年轻的国王依旧记得爱德华三世的辉煌战绩，以及他的家族对于法国王位的继承权，于是他重新挑起两个国家由来已久的冲突。作为一个传奇"偶像"，亨利忠实高尚，富有骑士精神，只可远观不可伴其左右焉。他的双足或许不是泥土浇的，但一定是铁铸的。他25岁继承王位时，俨然是一名精力旺盛、具有领导天赋的资深老兵、职业军人。他坚信战争的胜利无关人数而在"天意"。新王不仅认为他的信仰才是正统，还狂热到让异教徒们在他九年的统治中饱尝辛酸。如果亨利活到眼睁睁看着自己征战异国的光辉在血腥和保卫新获得的法国领土中消失殆尽，人们该作何评价？我们不得而知。亨利不仅是一名战士，还是一位非常能干的管理者，但是35岁对于名声正旺的亨利来说是最合适不过的谢幕时机。拜伦勋爵所言不假——"上帝的宠儿总是早夭。"

亨利六世
（1422—1461，1470—1471 年在位）

　　1422 年亨利五世去世，很难讲亨利六世是"登上"王位的，毕竟他只有九个月大。他有两个叔叔和一堆金雀花表亲都想要为他进谏"忠"言，或者替他戴戴王冠。亨利六世压根儿没有国王的样子，他爱好和平又挥霍无度，还有一个过于强势、野心勃勃的法国老婆。他的统治拖拖拉拉持续了 40 年，期间得过精神病，还曾被迫退位，因此最后惨死于伦敦塔也就不足为奇了，唯一奇怪的是他竟然过了那么久才惨遭毒手。养育、教导君王是一件棘手的事，因为小学生长大后可能会报复他的老师。亨利"深受爱戴的"顾问们思虑周详，让才两岁的小国王允许他们"不时合理地惩罚国王"，更确切地说是使他们获得保障，即"未来不会因此受到伤害"。但他们想多了，比起报复他的老师，亨利长大后更关心"他灵魂的永生"。某种程度上讲，他也确实值得铭记。他在温莎（如今在伊顿对面）旁边创建了伊顿公学，可以说是英国最负盛名的（私立）寄宿学校，也是

亨利六世登基

一所授予 1100 多名学生"一辈子与生俱来的优越感"的机构。亨利最终生了一个儿子（传说他老婆从某些途径获得了大量帮助），然后在他人生的第五十年因"忧伤"（即不明原因）离世。

爱德华四世
（1461—1470，1471—1483 年在位）

精神错乱的亨利六世在伦敦塔

两次取代亨利六世登上王位的是他 19 岁的远房表亲——约克公爵爱德华，他们血缘关系很远，继承关系却很近，如果亨利的儿子去世，爱德华就是合法继承人。爱德华当然等不及幸运降临。1461 年他在陶顿战役中战胜兰开斯特大军，随后将亨利关入伦敦塔并自立为王。九年之内，英格兰受膏了两位国王。亨利还活着的原因在于他的幼子威尔士亲王还在法国——把爹灭了也没什么用，毕竟儿子还在。

1470 年到 1471 年,玫瑰战争最后一役(爱德华被废黜,逃到了低地;亨利复辟,然而爱德华又回来重登王位,还在战斗中杀死了兰开斯特的威尔士亲王),首任约克国王,把精神错乱的亨利六世默默地在伦敦塔解决掉,永远地保住了自己的王位。

爱德华和他的前任完全不同。他身高 6 英尺 3.5 英寸,是一个堪称完美的国王。他不太关心自己的灵魂,花钱小心谨慎,还有很多子嗣——他有五个女儿和两个儿子。唯一的缺点就是大吃大喝不知节制,40 岁就把自己送进了坟墓,留下 31 岁的弟弟理查作为他 12 岁的儿子爱德华五世的护国公。

爱德华五世
(1483 年 4 月 9 日—7 月 6 日在位)

小爱德华只统治了不到一百天,实在没啥可说的,除了5个世纪以来的未解之谜:到底是谁干掉了他和他弟弟?格洛斯特的理查叔叔仍然是首要嫌疑人。他判定他的侄子们是私生子,并让伦敦市民"授予"他王位,他有动机、有机会、也有历史先例的经验干掉这两个潜在威胁。然而,具体的执行方法始终成谜——"有人说他们是被两床羽绒被闷死的,有人说是被马姆齐(Malmsey,一种葡萄酒)淹死的,还有人说是被毒药毒死的。"此外,有人觉得凶手不一定是理查叔叔,他们还有可能是自然死亡——比如黑死病、霍乱、天花,或者有人代劳了。首当其冲的是里士满伯爵亨利,即未来的亨利七世。如果他在博斯沃思战胜理查三世后,爱德华四世的儿子还活着的话,他是有动力处理掉他们的,但是目前为止都没有人摆出有力证据。还有人怀疑金雀花的白金汉公爵,如果诬陷理查定性

皇冠对他来说太大了

谋杀，他自己就有可能登上王位；还有诺福克公爵，原本爱德华四世将莫布雷庄园赐给了他的二儿子，那么诺福克公爵也可以从孩子们的死中获益，他将有权获得莫布雷。最后还有个理论，说孩子们逃过了一劫，伦敦塔楼梯间发现的骨头迷惑了理查，使他放过了小王子们。这是一个深受现代小说家和当时的约克人喜爱的结论，他们以此进行艺术创作，企图将亨利七世赶下王位。

理查三世
（1483—1485 年在位）

理查三世和亨利八世、爱德华八世以及如今的查尔斯王子都是皇家肥皂剧的主角。如今人们依旧纪念他的忌辰，每年 8 月 22 日，也就是博斯沃思之战纪念日，《纽约时报》等媒体都会缅怀这位最具争议的不列颠国王。一切都起源于新都铎君王对理查的诽谤，说他杀了男人，实在"罪大恶极"（16 世纪时理查背了三条人命：伦敦塔里的亨利六世、亨利六世战场上的儿子，以及马姆齐酒桶里的克拉伦斯公爵）；说他杀了女人，实在"惨绝人寰"（理查毒害他妻子的谣言显然是杜撰的）；还说他"还荼毒了无辜的婴孩……令全世界厌恶"。（没人能原谅一个杀了两个婴孩的篡位者。）先是托马斯·莫尔爵士，随后是威廉·莎士比亚，都将理查描绘成怪物和恶魔的化身，他单纯地为了行恶而进行诈骗、伪装、谋杀。如此大规模的诽谤引人怀疑，甚至引发了激烈的辩驳。20 世纪时，理查成为"无懈可击的国王和殉道者"，人们认为他的名节受尽了都铎王朝的历史学家和剧作家们无情地蹂躏。

如今理查的名声受到"理查三世协会"（又称"白野猪会"）

理查三世抢占中心位

保护，他们坚称约克王朝的最后一位国王公正高效，富有建设性，如果他活着的话，会让历史忘却他是如何获得王位的。然而现实中，人们将他的尸体赤裸裸地从博斯沃思拖回，草草地埋在兰开斯特的方济各修道院，后来第二任都铎国王毁了那座修道院，把他的尸骨扔进了索尔河里。所有那些有建设性的可能，即便曾经存在，也从未实现。

亨利七世
（1485—1509 年在位）

亨利七世是莎士比亚的"宝藏男孩"。博斯沃思的胜利使敌对的约克和兰开斯特玫瑰得以联合，亨利迎娶了死于伦敦塔的王子们的姐姐伊丽莎白，游吟诗人坚信天堂为"这完美的结合"欢欣，从此英格兰将拥有"和平、繁荣的岁月"。然而，亨利从不是莎士比亚剧中的主角，他没有理查二世的致命缺陷，没有亨利五世的英雄气概，没有理查三世的邪恶乖张，甚至没有他儿子亨利八世的飞扬跋扈。亨利七世唯一能做的就是在博斯沃思战役之后在山楂树丛上拾起王冠。第一任都铎国王太平庸、太成功了，入不了剧作家们的法眼。1503 年，他在妻子去世后变得贪得无厌、荒诞异常，竟然在外交场合将自己待价而沽，用婚姻誓言换取丰厚嫁妆。尽管如此，亨利几乎没犯过什么政治错误，当他的约克对手表忠心时他就宽恕了他们，当有人挑衅时他也能非常富有同理心。

亨利统治时期最大的祸害就是有太多冒牌货。爱德华五世的弟弟并不想老老实实地躺在坟墓里，传说他奇迹般地躲过了死亡和监禁，宣称自己是理查四世。同样不消停的还有爱德华四世的侄子小沃里克伯爵，亨利将其囚禁在伦敦塔，但传说他其实在国外，号称自己是爱德华六世。有一个叫兰伯特·西姆内尔（Lambert Simnel）的人宣称自己是获释的沃里克伯爵，是英格兰的正统国王，他率领一支约克军队将传说变成了现实。1487年6月，在斯托克斯战役中，他的约克军队战败，西姆内尔从国王候选人降级为王室厨房里的帮工，并通过不懈的努力晋级成为国王的驯鹰师。四年以后，理查四世的转世出现了，17岁的弗兰德小伙子珀金·沃贝克（Perkin Warbeck）拥有约克式的美貌和帝王般的风度，他让

兰伯特·西姆内尔从国王候选人降级为厨房帮工

欧洲大部分人相信他就是伦敦塔里神秘失踪的王子。（据乔治五世的一个孙子所言，沃贝克"假装是国王的儿子，但其实不是"。）沃贝克没比西姆内尔好到哪儿去。沃贝克入侵英格兰失败被俘，但他活了下来，直到这个不可救药的江湖骗子想和真的沃里克伯爵一起逃离伦敦塔，亨利便把他俩一锅端了。

亨利七世统治期间犯的唯一一个大错，就是他拒绝了巴塞洛缪·哥伦布的请求。巴塞洛缪代表他哥哥克里斯托弗来英格兰筹集从大西洋到达中国的经费，如果亨利七世同意了，西印度群岛的财富就属于英格兰而不是西班牙了，世界历史也将面目全非。然而，他留下的并非一个帝国，而是他那恢弘的、带有精美的哥特式高窗的礼拜堂。那个礼拜堂附属于威斯敏斯特大教堂，在那里游客可以看到（以打破了米开朗琪罗的鼻子而闻名的）托里贾诺（Torrigiano）宏伟的国王和王后镀金青铜像躺在深色大理石底座上。

亨利八世
（1509—1547 年在位）

1547 年 2 月 16 日，亨利八世被塞进了铅铸大棺材里，埋在温莎城堡的圣乔治礼拜堂下面。从那时起，他或许就成为英格兰历史上最令人难忘、当然也是最臭名昭著的君主。美国医学协会将其封为纵欲过度的典范。（我们从他最后穿的一身铠甲中得知他腰围有 54 英寸，那副铠甲如今正在伦敦塔展出。）他的婚姻史通过基思·米歇尔（Keith Michell）主演的《亨利八世的六个妻子》走入千家万户；他的餐桌礼仪则由好莱坞出品的《英宫艳史》印

亨利八世：或许是英格兰最值得纪念的，也是最臭名昭著的君主

在我们的脑海中，在那部剧中，查尔斯·劳顿（Charles Laughton）永远淌着口水，把鸡骨头抛到脑后。

亨利很强大，几个世纪以来关于他的妙语无数，有好也有坏。查尔斯·狄更斯控诉都铎王朝的第二任国王是"人性的侮辱，英格兰历史的污点"。最近，作家贾斯帕·里德利（Jasper Ridley）将其比作斯大林式的独裁者，警觉道："亨利通过唤醒人性之恶来获得大部分民众的支持，让他们仇恨苏格兰人和法国人，仇恨理想主义者、殉道者、行善者，（并且）让他们自愿向

"善于统治的"亨利八世

当局告发他们的邻居。"（这可不是什么关于英格兰君主或者民众的好话！）而反方A.F.波拉德（A. F. Pollard）教授则称赞直率的亨利八世"不遗余力地探索英格兰的伟大……他周围环绕着胆怯与恐惧，但他从不动摇，从不退缩"。

历史学家和道德家们特别喜欢对过去品头论足。然而，当时的人们更谨慎克制。国王去世没多久，威廉·托马斯（William Thomas）曾有一个难以辩驳的结论："毋庸置疑，他在那个年代绝无仅有……就他的所作所为，我不是说他是神，或者是圣人……（但）我没在历史上发现任何一个可以与之比肩的君王。"

争论仍在继续，有些人坚信，是梅毒使亨利从一个长相俊美、身体健康的人变成了一个暴君、一个身心堕落的人。"梅毒论"起源于19世纪晚期，可惜在任何一份法国、威尼斯或者罗马帝国大使的报告中都没有发现任何痕迹。如果真有此事，这些外国大使应该知道，他们的工作就是详细汇报国王的健康状况。伊丽莎白一世时期，西班牙大使就曾监视王室洗衣房，检查女王的经期。这种情况下，法国大使应该最有发言权，他比任何人都更了解亨利。他说，国王是"一个令人惊叹的人，周围环绕着很多优秀的人……他是个老狐狸，非常骄傲，善于统治"。（我们可以在汉普顿宫想象亨利的模样，您可以从伦敦乘车、坐公交或泰晤士游船到达那里。）

爱德华六世、简·格雷夫人和玛丽一世
（1547—1558 年在位）

亨利的宪政和宗教改革对于其子女的性格和人生有着不可逆的影响和伤害。爱德华自幼接受最好的人文教育，对指点他的导

师心存感激，他逐渐从一个脆弱顽皮的孩童成长为一个一本正经的青年，具有清教徒意志，不允许任何人因为政治私利"叨扰上帝"。

如果他能活得久一点，可能会变成野蛮的新教约书亚——公正，革新，但毫无怜悯之心。事实上，他在离 16 岁生日还差 4 个

如果爱德华六世活得久些，他可能会变成野蛮的新教约书亚

月时，就在《圣经》的神圣气氛中离世，祈求上帝"从天主教手中拯救这个国度，让它维持正统的信仰"。

考虑到小国王的宗教狂热，很可能是他自己，而非诺森伯兰公爵策划了著名的"继承计划"。传统说法中把诺森伯兰公爵描绘成"邪恶公爵"，因为一旦天主教的玛丽·都铎继承王位，他的政治生涯就毁了，所以他让他儿子吉尔福德·达德利娶了简·格雷小姐，并劝说垂死的爱德华不许玛丽和伊丽莎白继承王位，将王位传给他的儿媳——同样是亨利八世的甥孙女、狂热的新教徒。最近，历史学家开始怀疑是爱德华按照自己的想法主导了这个计划，并把执行的苦差留给了公爵，公爵根本干不来，笃定会失败。不管怎样，16岁的小姑娘在父母的强迫下嫁给了吉尔福德·达德利，突然就不明所以地成了英格兰女王。爱德华的阴谋还没有破灭，她却登基九天就退位了；而玛丽成为女王，将简和她丈夫送进了伦敦塔。新女王很仁慈，她没有立即要了她表亲的脑袋，但是六个月后，面对差点推翻她王位的叛乱，玛丽改变了主意，处决了"九日女王"和她的丈夫，这对夫妇为了在英格兰国王（女王）名录上占有一席之地而付出了惨痛代价。

玛丽说服自己摆脱了她的表亲，但是谏言无数，最终还是没能说服自己处理掉对她王冠更大的威胁——她同父异母的妹妹伊丽莎白。西班牙大使曾警告说"伊丽莎白公主很可怕，她的灵魂充满诅咒"，并且暗地怀疑她并不是真的皈依天主教。他说："她太聪明了，不会留下把柄。"最后，玛丽的良知和都铎的血脉占了上风。让伊丽莎白惊喜的是，玛丽没有要了安妮·博林女儿的脑袋，尽管她一直将伊丽莎白当作私生女。

伊丽莎白一世
（1558—1603 年在位）

马克·吐温曾说过："成名不是一件容易事。"表面上看，伊丽莎白一世是最不可能成就伟业的人。她管理方式过时，观念狭隘，毫无远见，不像她的新教弟弟和天主教姐姐，她也不是改革家。

伊丽莎白一世：史料充满她的自负和骄傲

上帝赐给她英格兰王冠，她就喜滋滋地戴着。

史料里满是她的浮夸、刻薄、虚伪、吝啬、骄傲、忘恩负义和暴脾气。她曾和她早年的最爱莱斯特伯爵说过"你楼起楼塌全在我一念间"，她还把整个下议院斥为"一群没脑子的人"。她以勃然大怒和长篇大论打赏她的大臣，她喜欢炫耀自己的聪明才智，而且总是要听好听的。

即便她从来没有见过玛丽·斯图亚特，依旧极度嫉妒她。她问苏格兰大使谁更美丽纯洁、谁更巧舌如簧时，大使很机智地避开了这些问题，当问到谁更高时，只能承认玛丽更高，于是伊丽莎白滔滔不绝地扯了一堆爱丽丝梦游仙境般的逻辑——"她太高了，而我不高不矮刚刚好。"

大臣们包容着女王的自负暴虐、毫无逻辑，但是无法容忍她的拖延症。弗朗西斯·沃尔辛厄姆（Francis Walsingham）曾为此大发雷霆："女士，看在上帝的份儿上，不要再犹豫不决了，赶紧救救你患难的国家吧。"几年后，年轻的埃塞克斯伯爵觉得伊丽莎白"思想和身体一样扭曲"，并得出结论"她和我们扯皮不为别的，就因为一切都已经准备就绪"。

那么如此不像样子的君主为何青史留名？正如我们所见，上帝创造了一系列"意想不到的奇迹"，使得《时代》杂志将伊丽莎白一世列为16世纪最值得纪念的名字。然而，天助自助者，伊丽莎白拥有三个能将她的个性点石成金的品质：她是杰出的演技派，她驾驭语言的能力不亚于莎士比亚，而且她是少有的既注重过程也注重结果的君王——这也是她一拖再拖的原因。从一开始，她就明白自己是女王。她说："我们王公子弟就像站在舞台上一般，站在世人的眼中。"她像个完美的演员（总是精心彩排），站在舞台中央优雅地念着台词。关于她的加冕礼，约翰·海沃德（John Hayward）曾写道："如果有谁具有赢得民心的天赋或风格，那一定是他们的女王。"

她的天赋是才干和勤奋的结晶，伊丽莎白明白"做国王戴王冠，看起来容易做起来难"。她的压力不仅来自办公室里的苦差事——她事无巨细，连法国约亨利四世欠她半毛钱她都清清楚楚，还来自她通过无穷无尽的努力才显得毫不费力地用花言巧语将自己包装得丰富多彩又神秘莫测，没人明白她到底在说什么，但是又好像值得一听——这就是杰出政客的标志。

即便伊丽莎白冷酷无情、精于算计、自私自利，但她从未让她的良知泯灭在政治的戏剧中。她接受君权神授，但她向臣民保证：

伊丽莎白女王给威廉·莎士比亚看了一遍她写的小作文

267

"王权的荣光没有蒙蔽我的双眼，乃是让我知道并且铭记我也要在大法官面前陈明自己的行为。"在她的个人祈祷书中，她祈求上帝赐予她的国家和平，她的教会安定，她的统治繁荣，她的人生幸福，她"自己可以因上帝的美意，得以永生"。上苍或许没有回应光荣女王的所有祷告，但是鉴于人们对于"记性好的伊丽莎白"一直很有兴趣，她确实实现了某种形式的永生。

詹姆斯一世
（1603—1625 年在位）

英格兰的每个人都兴高采烈地欢迎苏格兰的詹姆斯六世成为英格兰的詹姆斯一世。当时的政府重男轻女，迫不及待地期待新王一改伊丽莎白令人厌倦的老处女做派。更赞的是，詹姆斯还有两个儿子可以继承王位，并且他对自己人格外大方，与吝啬的先（女）王形成鲜明对比，詹姆斯喜欢叫自己"新扫把"。即便他深谙苏格兰君王之道（即活下来），但缺乏在南国成功的两大要素：礼仪与庄严。修正主义历史学家竭力拯救詹姆斯的名声，但是 19 世纪时托马斯·麦考利（Thomas Macaulay）的话更接近现实：他简直是国王界的耻辱，"说话结结巴巴、含糊不清，动不动就哭鼻子，见着剑就发抖，说起话来不是像小丑就是像教师"。

即便詹姆斯没能直接影响他儿子的统治，但他严重伤害了王室尊严，这种尊严正是伊丽莎白统治的根基。前有先（女）王为例，大家自然很难对一个不愿意向臣民自我展示的国王产生敬意，他还粗鲁地说大家想让他剃掉臀毛"看他的屁股"；他特别喜欢昂贵的服饰珠宝，但就算以 17 世纪的标准来看也显得滑稽可笑；他喜欢打赏家境贫寒的帅哥，只要他们"经常表达感激之情"；他经常在公众场合挖鼻孔，公然反对抽烟，说抽烟"好恶心……而且对肺不好"，而那时很多大人物刚开始喜欢抽烟。这位苏格兰君主并非傻瓜，他拥有草根智慧，但一点儿也不像个国王，他的统治相当混乱，满地都是"傻子和婊子、小丑和变态"，实在有失君王尊严。詹姆斯去世时，目击者称他的葬礼"相当隆重"，但是极度"混乱无序"。

詹姆斯一世，一点儿不像个国王

查理一世

（1625—1649 年在位）

查理一世既不混乱也不无序，这就是他大部分麻烦的根源。他极度整洁和守时，除了政治和人际关系都有极好的品位，并且以极其严肃的态度履行作为国父和上帝发言人的使命。不幸的是，他的适应力连恐龙也不如，把自己包裹在不可逾越的神罩里，无法理解平常人为什么难以具备最朴实的美德——爱、感激、宽容、诚实。正如某位目击者所言，他"生性如此，从不以言语或行为强迫任何人"。据他坚定的支持者、大主教劳德坦言，他"不知道该如何成为一位伟大的王子"。查理唯一的爱好就是政治、宗教和日常生活中的礼仪。为了让现实世界符合宇宙的"等级、优先和地位"，百年来他首推亨利八世的家规：下等官员不能在自己的房间里用餐，而要统一在大厅吃饭，还严格规定了他们能拥有的仆人和马匹的数量，要和他们的社会地位、官职等级相匹配。年轻的国王做出的最具代表性的决定就是围绕他最喜欢的住处——里士满公园建筑高墙，防止现实社会的混乱与污秽沾染他梦幻世界的墙砖和壁画、玷污他的艺术收藏——那些 17 世纪最精美的收藏。（大多数被奥利弗·克伦威尔和军方卖掉了，其中大部分又在复辟后买了回来，如今是伊丽莎白二世宝藏中的一部分。）

在政府变革中，社会、政治、经济因素固然重要，但要是没有国王和领袖们的迟钝、愚笨、固执甚至善意，就不会发生战争和暴力革命。

查理二世
（1660—1685 年在位）

　　王室的荷尔蒙曾繁衍出过多的继承人，抑或说过少的男性后裔，将整个王国搅得天翻地覆。显然君主的精子数量和配偶的生育水平使得权力的代际传承具有极强的不确定性。查理二世的问题在于他走了两个极端：作为情夫他很高产，作为皇室传承人则太失败。查理性欲极强，当然，作为国王他有得天独厚的优势。除去数不清的"一夜情"，他有 11 个公认的情妇，14 个私生子。甚至当时人们都对匡王的"特殊能力"直言不讳，罗切斯特伯爵约翰·威尔默特（John Wilmot）还很惊人地赋诗一首：

　　　　　　　他的欲望未及他的实力，

　　　　　　　他的王杖短于他的器具，

　　　　　　　他玩弄这个，左右那个，

　　　　　　　他不比他弟弟聪明到哪儿去。

　　……

　　　　　　　他无休止地在婊子中游走，

　　　　　　　他快乐、可耻又贫穷。

　　关于查理情妇的花销，罗切斯特是对的；但关于她们的影响力，则不尽然。当时朝堂上并没有裙带关系，查理宣称他对异性的兴趣只停留在她们的肉体，而非灵魂。内尔·格温（Nell Gwyn）是新教徒；芭芭拉·维利尔斯（Barbara Villiers）是天主教徒，查理赐予她一连串了不起的头衔——克利夫兰公爵夫人、南安普敦伯爵夫人、极品男爵夫人（Baroness Nonsuch）。查理绝不允许他的性生活影响他唯一的政治目标：再也不要去流浪。尽管他曾流浪、曾战败，但他逃过了他母亲的天主教式刻薄和他父亲的清教式傲慢。他30岁成器（有点像伊丽莎白一世），很高兴自己还能活着享受王位。事实证明他是有史以来最宽容、最有教养的国王，他始终低调，崇拜一个"不会因为一个人偶尔有点出格的小快乐就诅咒他"的上帝，当面对政治、宗教上的无礼时，他始终以礼相待。

贵格会教徒威廉·佩恩（William Penn）为了所谓的平等，在面见

查理二世性欲很强，作为国王他有得天独厚的优势

国王时还戴着帽子，查理更摘下了自己的帽子。佩恩很没脑子地问："我的朋友查理，你为什么不戴帽子了？"查理礼貌地答道："此地的规矩是同一时间只能有一个人戴帽子。"

查理的机智、玩世不恭和懒惰使他远离了政治宗教猛兽，转而专注于人生中真正重要的事情：先是女人，然后是网球（他很擅长）、游泳、园艺。他迷恋钟表（他卧室里摆了七个）；对科学的方方面面都很着迷。他建立了格林尼治皇家天文台，从而创造了本初子午线和格林尼治时间；他是牛顿的好朋友；他还鼓捣化学。事实上，他或许死于化学实验中的水银中毒。

国王的性格很适合当时的政治、道德环境，当他弟弟批评他缺乏安保措施时，他笑着安慰他："别担心，杰米，他们不会杀了我让你做国王的。"查理是对的。

詹姆斯二世
（1685—1688 年在位）

就连因为毫无政治敏感度而丢了脑袋的查理一世，在宗教迟钝和政治无能方面也远不及他的二儿子。詹姆斯二世太没本事了，他连逃跑都要靠他的替代品帮助。他的第一次尝试以失败和被俘告终，要不是未来的威廉三世命令所有人都看向别处，恐怕他第二次也成功不了。

詹姆斯起初做约克公爵和舰队上将时表现还不错。他是迄今为止斯图亚特家族中最帅的一个，连日记作家塞缪尔·佩皮斯都对他情有独钟，但后来佩皮斯先生的品位有些跑偏。事实上，公爵并不是一个糟糕的管理者，从一开始他就更适合做官僚而非政客。他非常钦佩神圣的君王、他的表哥——法国的路易十四，而詹姆斯皈依天主教，又使他系统化的独裁本性更加坚定。他认为所有事情非黑即白，认为辩论就是陈述一个命题，如果有人质疑，他就再重申一遍，因为真理无须辩驳。他经常宣称："我绝不会妥协，我父亲妥协了，然后掉了脑袋。"在他哥哥统治的后半期，他事实上被流放在外，以免他说出或做出任何政治不正确的事情。

对于英格兰来说幸运的是，詹姆斯不像他爸爸，在他顽固的思想背后是羸弱的、需要牧师和大臣搀扶的灵魂。当这两边都背弃了他的时候，他惊慌失措，逃向海峡对岸太阳王的避风港。

最后的斯图亚特：
威廉三世／玛丽二世（1689—1694 年在位），
威廉（1694—1702 年在位），安妮（1702—1714 年在位）

很奇怪影视业竟然没将斯图亚特家族的故事多加演绎，他们明明具备大型戏剧的所有要素——高层政治带来的家庭灾难，一直延续了四代人。詹姆斯一世因为父亲被谋杀而继承苏格兰王位，而这场谋杀是他母亲挑唆的，随后她迅速逃跑，还嫁给了杀人犯。这场婚姻引发了内战、退位，以及一系列事件，最终以 19 年后玛丽·斯图亚特被她的都铎表亲处决而告终。詹姆斯的儿子查理在内战和暴力中自取灭亡，导致家族毁灭，最后被以背叛臣民（即"善良的英格兰人"）的罪名惨遭处决（他家人认为这是谋杀）。查理的二儿子詹姆斯二世只用了四年就使自己被迫退位，他三个孩子中的两个，再加上他外甥，共同犯下弑君弑父罪。

鉴于1689年至1714年间，英国已经成为欧洲霸主，斯图亚特末代君王的故事通常以宪政纠纷、国际争端的形式呈现。但是从家族角度来看，不过是詹姆斯和他第一个老婆安妮·海德（Anne Hyde）生的新教女儿——玛丽和安妮联合她们的表哥奥兰治的威廉，努力将她们的父亲赶下王位，并且阻止他的天主教儿子成为继承人的故事（详见笃30～页图表）。安妮很嫌弃她的表哥威廉，导致姐妹俩几乎不和彼此讲话。当然，安妮18年怀孕18次，而玛

威廉和玛丽的御玺

丽始终一无所获，也让她们的关系雪上加霜。1694年玛丽去世，安妮认为王冠应该归她，而不是她姐夫。除此之外，玛丽总是听她老公的，让她干啥就干啥；安妮则不够聪明，又很容易受人摆布；威廉对所有政治事项或者人际关系的唯一评判标准就是能否帮助他阻挡路易十六侵略荷兰——光是这些就凑足了绝妙的好莱坞剧本。而如果把路易十六当作远房亲戚的话，那国际战争就更不过是一场家庭争端了。

查理一世的三个孙辈中，威廉三世最神秘有趣。他喜怒无常、沉默寡言、不通世故，突然就卷入了荷兰的争斗和欧洲的政治旋涡中。他父亲是荷兰总督、奥兰治的威廉王子，在 1650 年威廉出生 8 天前就死于天花。小威廉自幼与病魔抗争，患有严重的哮喘，能够活下来全凭他单薄身体内的坚强意志。他很有使命感。他在英格兰扮演着不讨喜的荷兰异类，并篡夺英格兰王位，只为了能够削弱法国太阳王危险的光芒。他明白不能相信任何人，叛徒们能扶他上位，也可以轻易将他赶走。他的统治充满了想要推翻他的阴谋诡计。他憎恶英格兰宫廷没完没了的争吵和阴谋，更喜爱清静有序的军旅生活。尽管偏执，威廉还是有些扭曲的幽默感，于是有了这首小诗：

> 当我从自己身边走过
> 当我和自己对话，
> 我对自己说，
> 看看你自己，
> 管管你自己，
> 因为没人关心你。

我在自我中

自言自语

看向自己

抑或不看自己

这即是自我。

　　作为妻子和女王，玛丽是威廉沉默的伴侣。她非常有斯图亚特的家庭特性，以身为国王的女儿为傲，而且满怀热忱地坚持自己的信仰。她嫁给威廉王子时无法接受、泪如泉涌，但很快就改变了立场，爱荷兰胜于英格兰，最后还写下她对丈夫的爱至死方休。玛丽为威廉和他的事业提供了情感和力量支持，她无条件地支持他入侵并夺取英格兰王位，玛丽是威廉在英格兰最强大、可能也是唯一和真正的朋友。同样重要的是，她为他提供了弑君的合法性，宁愿与父亲断绝关系，接受父亲的诅咒，而且还利用自己强大的人格魅力中和了丈夫的拙劣，为他赢得了民众的支持。玛丽32岁时死于天花，留下威廉独自一人过着饱受折磨、不堪一击的生活。

　　关于安妮·斯图亚特没有什么可说的，除了她是最后一位斯图亚特君主，而且严重超重，衣着邋遢，不讲卫生，晚年饱受痛风折磨。她的统治医约翰·丘吉尔将军而格外重要。她姐夫威廉三世非常不信任这位将军——他曾经背叛过詹姆斯二世，对他的荷兰新王也不够尊重——但是1702年威廉死后，丘吉尔夫妇便鸡犬升天。萨拉·丘吉尔（Sarah Churchill）成了幕后主导，直接行使权力支持她丈夫的军事谋略。然而，两只臭鱼搅得满锅腥。安妮对于她这位女朋友的喜爱和依赖十分热烈却极不稳定。她无比努力想要诞下子嗣，却经历12次流产，6个孩子没一个活了下来。

最后一个孩子去世时，国会确立了新教继承权，汉诺威选帝侯乔治成为英格兰王位的继承人。不幸的是，安妮不喜欢乔治；乔治很多年前到英格兰求婚，看了她一眼就立刻回家了。女王的孩子们都死光了，她感觉这是上帝惩罚她将父亲赶下王位，还剥夺了弟弟的继承权。随着她对萨拉·丘吉尔（如今的马尔伯勒公爵夫人）的感情变得"冷漠厌恶"，马尔伯勒失去了在朝堂上的影响力，求和派得以于1713年与法国谈判和解。和平让安妮有机会接近她同父异母的天主教弟弟，他在斯图亚特伙伴眼里是詹姆斯三世，而在新教仇敌眼里则是冒牌货。如果詹姆斯愿意放弃天主教信仰的话，安妮会力压国会废除新教汉诺威的继承权。对于汉诺威的乔治来说，幸运的是詹姆斯认为英格兰不值得他背弃信仰，于是斯图亚特王朝随着女王的去世一同消亡。

四个乔治：乔治一世（1714—1727年在位），乔治二世（1727—1760年在位），乔治三世（1760—1820年在位），乔治四世（1820—1830年在位）

詹姆斯三世或许觉得不列颠王冠不值得他皈依新教，但他还是很愿意颤颤巍巍、拖拖拉拉地为自己的王权而战。1715年12月，他到达苏格兰，领导各部落走向胜利，而他的汉诺威对手早已在英格兰站稳了脚跟。詹姆斯对王位的争夺只持续了不到3个月就很明智地退回法国，他永远都只是个冒牌货，而非真的国王。54岁的乔治一世在一年前就带着他的两个丑情妇来到了伦敦，她们因为各自的身高和体重被称为"五月花柱"和"大象"。随行的还有一群德国侍从和秘书，以及两名黑奴——穆斯塔法（Mustapha）

和穆罕默德（Mahomet）。然而新王没带他的妻子索菲亚·多萝西娅（Sophia Dorothea），20年前他就因为索菲亚和一个年轻帅气的瑞典伯爵通奸而和她离婚，并把她关了起来，而那个公爵神秘失踪，下落不明。

历史对于乔治们的了解比对以往任何朝代都多，因为18世纪是回忆录和书信蓬勃发展的年代，各种绯闻丑事都被调查报道记录在案。我们了解到乔治二世的情妇搞恶作剧，抽出了他的椅子；乔治三世在浴缸里游泳，下水时的背景音乐是《天佑吾王》（*God Save the King*）；乔治四世死后，发现了五百个皮夹子，里面有他遗忘的一万英镑。

我们还知道乔治一世不想离开汉诺威，传说继位的消息传来时他被叫醒，嘟囔了一声"知道了"，就又睡过去了。让乔治很烦的是，他不能随身带着他的汉诺威。他是这个组织严密的德国小公国的绝对统治者，这个小国并非以英国政体为模型，而是以法国路易十四的宫廷为榜样。小说家威廉·萨克雷写道，"把凡尔赛大理石换成粗糙的德国雕像"，还"用最难听的德国腔调唱法语歌"，"想象一个劣质版的凡尔赛，于是我们就有了汉诺威"。在他的德国选侯国，乔治至高无上——瞧瞧他老婆情夫的下场就知道。但在英国，他是个受限的君王，受限于他的德国木鱼脑袋，受限于不会讲英语（沟通基本用法语），受限于他厌恶英国的一切。结果，乔治一有机会（每年）就跑回汉诺威，把他的王国留给大臣们打理——通常是罗伯特·沃波尔（Robert Walpole）。切斯特菲尔德勋爵曾评价说，乔治是一个"诚实无趣的德国绅士"，他懒惰，"没有自信"，喜欢"和一帮太太小丑在一起"。他还勉强总结道："如果他不伪装的话，至少不会玷污这个国家的历史。"

乔治一世准备成为英格兰国王

有其父必有其子，乔治二世的心智都属于汉诺威，只是他英语讲得好一点（但带有浓重的日耳曼口音），不太诋毁英格兰，更能装装国王的样子。然而，事实上，他让沃波尔和皮特管理国家。所有人都知道，如果想要操控国王，就去找他媳妇——令人敬畏的安斯巴赫的卡罗琳，她在人前忍受丈夫的粗鄙，再私下调教一番。切斯特菲尔德勋爵曾讽刺道："王后活着的时候，她管着国王，而罗伯特·沃波尔爵士管着王后；但是国王将这个秘密藏得密不透风，自诩从未有人察觉。"

乔治是欧洲君主中的"舞蹈大师"。这个衣冠楚楚的小个子总是昂首阔步、装模作样，在他严于律己的外表下，隐藏着胆怯的人格和迟钝的大脑，也完全无法胜任帝王职责。他人生的两大爱好是军事策略和编家谱，让所有人都很烦。他还很喜欢例行公事，赫维勋爵指出，国王总是"认为他今天做了一件没有理由明天做的事情"。很难为乔治二世说些好话，他没什么爱好，除了他老婆以外也没有朋友，还活到了 77 岁，让所有的事情雪上加霜。

乔治三世本应做个巧妙的转圜，从某种程度说上，倒也是。他很年轻，只有 22 岁，有意讨人喜欢，他从小受英国教育，也很以这个国家为荣。然而乔治的统治让王室和帝国都陷入瘫痪，他去世时又聋又瞎，精神失常。像他之前的许多君主一样，乔治满怀善意，但缺少实现这些的心智。他从小学做国王，这往往是个问题。他父亲——威尔士亲王腓特烈在他 13 岁时去世，随后的九年时间里他的老师告诉他必须成为一个伟人，因为他很快就会成为这个伟大国家的君主。可惜，乔治知道自己永远不可能实现这个目标，结果他像葡萄藤一样攀附着其他人，一有问题（经常的事）就去埋怨那些他依赖的人。

农夫乔治和他媳妇

乔治是第一个痴迷于职责而非权力的不列颠君王。这位 22 岁的君主想成为"真正的国王"。在他看来，这不在于通过王室权力提高自己的声望，而在于履行自己的职责保护不列颠宪法和国会免受内部腐化和外部侵蚀。虽然没人反对，但这些目标过于僵硬，注定失败。他自己也承认："直到我确信提议是对的我才会赞同，然后……我不允许任何事后诸葛亮再搞破坏，这些想法只会削弱而非加强最初的提议。"

乔治三世口碑很差。美洲殖民地的人们（现在依然）将他描述成暴君，伦敦人认为他狗拿耗子多管闲事。但在乡村，他因为爱好农业而被称作"农夫乔治"，比他的汉诺威祖先们都更受欢迎。他是模范丈夫，是后来维多利亚中产阶级美德的化身（他和他老婆喜欢称呼彼此为国王先生和国王太太），当这个可怜人饱受卟啉症（肝脏紊乱导致精神错乱）的摧残时，大家对于发疯老国王的同情与日俱增，将他标榜为不列颠面对法国激进主义和拿破仑入侵时不屈的象征。显然，没有人——甚至包括乔治，不管他有没有疯——想让第四个乔治继承王位。

所有的乔治都嫌弃他们的长子，这似乎是汉诺威的基因。乔治一世和他的继承人不和，还把他逐出了圣詹姆斯宫。乔治二世和他老婆无法忍受威尔士亲王腓特烈（当然，也确实没人能忍），对他深恶痛绝。乔治三世定期鞭打他的儿子们（他认为这是民主），而且相比起乔治四世，他更喜欢自己的二儿子，他觉得乔治四世就是个被宠坏的冷血混蛋。更糟糕的是，可怜的国王在人生的最后九年经常要穿着紧身衣站在一旁，看着威尔士亲王以摄政身份替他执政。

威廉·萨克雷之于乔治四世，就像威廉·麦考利（William

Macauley）之于詹姆斯一世——永远毁了后者的名声，只不过修正主义者更难为乔治正名。对于萨克雷来说，国王就是个空洞的胆小鬼——穿着垫肩、束腰、丝袜、高领、精致的编织外套和长及下巴的高筒袜或围巾，还总是一脸讪笑，满口假牙。他爱摆架子，而他的架子里不过是醉生梦死、多愁善感、纵欲过度、妄自尊大。从那时起，乔治就成为标杆，用来比较丑闻缠身的维多利亚长子——未来的爱德华七世，和如今的威尔士亲王查尔斯。但是公平点说，和他的八个弟弟相比，普利尼（大家都这么称呼他，他 58 岁前一直是威尔士亲王）算是模范了。如果他想的话还是很迷人的，他是乔治三世的孩子中最聪明的一个，清醒时也不讨人厌。亨利四世名载史册的原因在于，他的婚内及婚外艳遇过于精彩，以至于他的统治不能说不合情理，但绝对令人难忘。

乔治厌倦了德鲁里巷的女演员玛丽·罗宾逊（Mary Robinson），他爹不得不花五千英镑阻止玛丽出版王子炙热的情书。他还是威尔士亲王时偷偷地和寡妇玛丽·安妮·菲茨赫伯特（Mary Anne Fitzherbert）夫人结婚，就为了勾引她上床，而夫人是一位虔诚的天主教徒。乔治明知这桩婚姻非法，因为触犯了两条法令：其一，王室成员不得未经国王允许结婚；其二，王储不得与天主教徒结婚，除非放弃王位。1795 年，24 岁的乔治已经欠下 26 万英镑的巨款，为了让国会替他还债，他接受了他父亲的建议，迎娶了他的表妹——不伦瑞克的卡罗琳。这场婚姻立即化作灾难。乔治和这位小姐初次见面时就酩酊大醉，当他发现她有可怕的体臭时，当即就转身离开；而他不情不愿地和她结婚时，更是醉得一塌糊涂。一年以后，他们分居了，卡罗琳回到欧洲大陆，王子回到费彻博夫人的床榻，费尽心思想要摆脱他的合法妻子。1820 年，乔治终于登基，卡罗琳回到英国，要求获得王室头衔。乔治即刻要求政府向国会提出法案允许他离婚，剥夺卡罗琳的女王头衔。这个法案在党派纷争中乱成一团，不得不在否决前撤回，但是乔治自我安慰地在加冕典礼时将他老婆拒之门外。转年卡罗琳就去世

"乔治四世终于下地狱了，谢天谢地，乔治时代结束了。"

了，这件丑闻终于得到解决，着实让大家松了口气。但是乔治并没有回去找费彻博夫人，他在宫里的其他姑娘身上找到了新的乐趣，已然忘记了那个媳妇。

乔治四世以其摄政时期的恢弘建筑和极度愚蠢的布莱顿穹顶宫（像布莱尼姆宫一样，需要您眼见为实）永载史册，但对于那时的人们来说，1830年他葬礼那天，古板的《泰晤士报》已极尽溢美之词："没有人能像逝去的先王一样更不受同胞缅怀了。"民众的情绪更嚣张，"乔治四世终于下地狱了，谢天谢地，乔治时代结束了。"

威廉四世
（1830—1837 年在位）

1817年，汉诺威家族遇到危机，乔治四世和他妻子卡罗琳因"一夜情"而生下的唯一的孩子夏洛特去世，王朝濒临灭绝。乔治三世的15个儿女没有一个生出合法继承人。在巨大的家族压力下，乔治的三个小儿子——剑桥公爵、肯特公爵和克拉伦斯公爵心不甘情不愿地挺身而出。剑桥公爵娶了一位德国公主，但一无所获。肯特公爵倒是卓有成效：他抛弃了自己的情妇，娶了另一位德国公主（以求国会替他偿还巨额债务），并有了女儿维多利亚，然后撒手人寰。克拉伦斯公爵威廉是三兄弟中年纪最大的，也是假定继承人，他53岁时也娶了一位德国公主，而且年纪只有他的一半。人们对公爵期望很高，因为他和他的情妇、喜剧女演员多萝西·乔丹（Dorothy Jordan）生了十个孩子——十个小菲兹克拉伦斯，都和不列颠贵族联姻——但没有继承人（两个女儿都在一个月内去世），这让维多利亚的前途充满希望和不确定性。

威廉四世的统治很重要，但他本人却无足轻重。1832年改革法案出台，彻底改变了不列颠的政治面貌，但是威廉依旧是"傻小子"。威廉是不列颠的水手国王，他从候补军官开始，一级一级升到海军大臣，曾经既无能又爱乱搅和，但是64岁成为国王以后他很明智，稍许勉强地完全听大臣们吩咐。在当时的通信记录中，人们对他的印象是没完没了又无聊透顶的餐后讲话（通常是用法语）。优雅的博·布鲁梅尔（Beau Brummell）总结了当时人们对威廉的看法，调侃他"只适合在甲板上走来走去，大喊'转舵'"。

维多利亚
（1837—1901年在位）

即便维多利亚在不列颠历史上统治时间最长，是唯一一个记下了详细又私密的日记的君主，也是第一个在婚礼上穿"处女白"的女王（由此开创了新娘穿白色婚纱的现代习俗），关于她也实在没什么好说的。她全名是亚历山德里娜·乔治亚娜·奥古斯塔·维多利亚（Alexandrina Georgiana Augusta Victoria），受洗时本来叫伊丽莎白，但是乔治四世瞧不上他弟弟，在他还是摄政王时，就拒绝侄女使用伟大女王的名字。维多利亚18岁登基之前，一直被包裹在令人窒息的安全茧中与世隔绝。她从来不独自睡觉，不是由她母亲就是由家庭教师陪着；如果没人搀扶，就不能下楼；如果她母亲不在，就不能和任何人讲话。虽然她不能成为汉诺威女选帝侯（传男不传女），但是她母语是德语，她嫁了个德国表哥，她一生喜爱的所有东西都是德国的。她的教育受她

维多利亚和阿尔伯特，中产阶级体面和道德的楷模

德国母亲的严格监管，缺乏古典、政治、地理、科学等方面的学习，尤其注重女红、音乐、绘画、文学，和山一般的基督道德。维多利亚从小决心"从善"，她嫁给阿尔伯特·萨克斯-科堡-哥达（Albert Saxe-Coburg-Gotha）简直锦上添花，阿尔伯特是一位严肃的年轻绅士，比维多利亚更有责任感。他们一起尽职尽责地生了九个小朋友。因此，英国王室告别了无忧无虑、声名狼藉的贵族生活，成为中产阶级体面和道德的楷模。

相比她寒酸的伯伯，维多利亚年纪轻轻、讨人喜欢，她展现

女王似乎不值她那些子子孙孙的花销

出惊人的性格力量——将她母亲和家庭教师逐出了她的卧室。她天性具有汉诺威式的严厉，少数臣民认为她是"丑陋抠门的德国女人"，但在阿尔伯特潜移默化地引导下，她在这个迅速民主化的国家里成为一个相当仁慈的立宪制君主。1861年，她心爱的阿尔伯特去世，"41岁伤心欲绝的寡妇"（自称）维多利亚退出公众生活。为了纪念他，她在海德公园建造了一座壮观的中世纪神龛，其艺术价值至今让人争论不休。二十多年来，她将自己关在苏格兰的一座城堡里，不见臣民，省下了82.4万英镑——那些钱是国会给她维系政府和履行公共职责用的。（这笔钱一定程度上解释了为何如今伊丽莎白二世这么有钱，她是她曾曾祖母私人财产的直接受益人，还不用交遗产税，那些财产在1901年维多利亚过世时就有两百万英镑。）

随着君主制逐渐衰败——女王似乎不该花那么多钱，共和制兴起，王室的规模和花销受到攻击：

> 她蒙保佑，
>
> 子孙满堂，
>
> 小费、津贴、养老金，
>
> 统统都是我买单。
>
> 啊！天佑女王！

国会上，议员们抱怨说，国家竟然要为了养一个无所事事、啥也不干、还特别有钱的老太太花那么多钱，实在太荒谬了。

迪斯雷利而非维多利亚自己，最终将女王从悲伤中拽了出来，回归公众生活，将对君主制的热爱与帝国的荣光联系在一起，以遏制共和制的浪潮。1901年1月22日，女王去世，享年82岁，她不再是一代君王，而是一种体制，是家庭美德、不列颠母国和帝国伟业的象征。

爱德华七世
（1901—1910年在位）

爱德华七世还是威尔士亲王的时候名声实在糟糕，有一位国会议员甚至写道，他希望"现任的威尔士亲王永远不会成为国王，让这个国家蒙羞"。但是他等了60年后，成为一个虽然不是一直受人仰慕但也算卓有成效的君主。和他母亲不同，他讲求排场，认为君主不该掺和政府那摊子事，只要在正式场合好好表演就行了。国王的职责应该纯粹是礼仪性的，而爱德华十分健谈，在这方面做得很好。并且他传授给儿子如何当一个国王，他母亲可从来没有这样做过。维多利亚很爱她的长子，但觉得他游手好闲，从未与他分享过关于权力或者责任的事。结果，他每天无所事事，总是惹麻烦——吃喝嫖赌。为了在大学时花天酒地，他给女王写信要钱，女王回了好多信教育他要节俭，他却把这些信卖了充零花钱，实在让女王不爽。

爱德华很关心在民主的工业化社会中君主制政体的前途，曾说他的继承人是"英格兰最后一位国王"。他错了，尽管经历了世界战争、前所未有的劳工动乱和全球经济萧条，乔治五世依然是不列颠史上最受爱戴的君主之一。

前希腊国王："嗨，费迪尔，瞅见德皇威廉了吗？"
前保加利亚国王："他就在后面呢，马上就来。"

乔治五世

（1910—1936 年在位）

乔治五世是第一个对政治之恶不看、不言、不听的君主。与他总是固执己见、爱管闲事的祖母不同，乔治开始让他的王国相信，一个完全置身于政治之外的国王对政治体系的稳定运行至关重要。简而言之，在这个王权迅速消亡的世界，不列颠已为维系君主政体付出了高昂的成本，理应获得可观的回报。欧洲君主政体的寿命不长。第一次世界大战后的几年里没了 5 个皇帝、8 个国王、18 个小王朝。

乔治和他同样小心谨慎的老婆特克公主玛丽，自觉成为这个国家的家长：严肃、体贴、自律、单调。国王十分擅长保持王室的神秘感和距离感，同时又能通过一年一度的圣诞广播接触到现代君主制真正的基础——普通民众。他是第一个发表广播讲话的君主，用无线电传播真诚、肃穆、虔诚的声音。乔治是个不折不扣的国王，但也是一个能够与人产生共鸣的普通人，因为他是一个靠谱的公民、一个顾家的男人、一个狂热的集邮爱好者。

乔治不仅重塑而且重新命名了不列颠君主制。他爹妈都很嫌弃家族中的德国成分，第一次世界大战爆发后，乔治觉得他表哥德皇实在丢人。尽管他已无实权，但依旧是英国王室的绝对领袖。1917 年 7 月 17 日，乔治发布公告，宣称从此"王室"和"所有祖母维多利亚女王的后裔"都改姓"温莎"，停止"使用德国头衔"。就这样笔尖一抖，200 年的德国血统——从乔治一世到维多利亚的每位不列颠君主都和德国人结婚，乔治自己的老婆也有一半以上德国血统，而且他母亲也是丹麦德国裔——和一堆像萨克斯–科堡–哥达、海塞、巴滕贝格（即蒙巴顿）、不伦瑞克、特克之类的名字全废了。乔治承认自己的做法并不怎么鼓舞人心，但他说："如果我是异族，我就死定了。"

乔治的死因 50 年后才公之于众。他的医生道森勋爵坚称，死亡降临时国王应该以帝王的身份"尊严且安详地"死去，因此使用药物加速了国王的死亡（安乐死），这样新闻就可以"登上晨报而不是在不太合适的晚报"。时间、地点、媒体始终是英国君主的刻耳柏洛斯 ①，就连死时也不例外。

爱德华八世
（1936 年在位）

尽管爱德华八世的名字很长［爱德华·阿尔伯特·克里斯蒂安·乔治·安德鲁·帕特里克·大卫（Edward Albert Christian George Andrew Patrick David）］，他却只统治了 325 天。爱德华的一长串名字反映出王室努力讨好王国内的每一个族群（尚未出现英联邦民众），而他放弃王位则反映了国王的私人生活和公共生活之间日益紧张的关系。

1936 年，当 41 岁的爱德华即位时，他还是个单身汉。对很多人来说，他打破了他父母严格遵守的维多利亚准则，令人耳目一新。（他母亲活到了 1953 年，但他父母都没有通过电话。）他还是威尔士亲王时游历了帝国，在报纸上呈现出的是一名优秀的运动员、马术师，拥有并驾驶自己的飞机。他履行自己的礼仪职责，

---

① 刻耳柏洛斯（Cerberus）是希腊神话中看守冥界入口的恶犬，代表"黑暗中的恶魔"。

爱德华八世认为他的礼仪职责"浪费时间和精力"

但在日记里坦陈："这些国事访问多浪费时间和精力啊！"

谁也说不准他能否成为一个称职的君王。现实中，他遇到了来自美国马里兰州、离过两次婚的沃利斯·沃菲尔德·辛普森（Wallis Warfield Simpson），并深深地爱上了她，为此他和首相斯坦利·鲍德温（Stanley Baldwin）起了冲突，鲍德温和坎特伯雷大主教以及王太后联合起来，强烈反对英国国教领袖娶一个离过婚的女人。（鲍德温或许还有个不可告人的秘密——他觉得爱德华不适合做国王，因为他总是发表令保守党政府尴尬的政治经济言论。）一方面君主有私生活，有权独立其公职做出决策；而另一方面他有权违背政府的建议和首相的意愿行事，这两个相互关联的权力是问题的关键。爱德华不是斗士，他选择以退位扭转一场宪政危机，和辛普森夫人淡出公共生活，保留他作为温莎公爵"殿下"的头衔，而辛普森夫人则是公爵夫人，但没有王室头衔，这种侮辱让爱德华永远无法原谅鲍德温和接替他登上王位的弟弟。

乔治六世
（1936—1952 年在位）

爱德华八世的弟弟叫阿尔伯特，简称伯蒂，他也有一长串称呼，在成为国王以后他就选择了乔治这个名字，以效仿他父亲舒适稳定、受人尊敬的家庭生活。他的统治是乔治五世君主制的延伸，但也有所不同。乔治六世更接地气，他的称谓从"国王皇帝"缩水成了"不列颠和北爱尔兰国王"，更重要的是，在他当国王的16年里有13年在打仗，要么就是同样难过的战后时光，就连王室也要接受配给、布票、粮食短缺。乔治六世是上帝派来拯救王国和君主

国王和他最宝贵的财富——他的老婆

制的，就连他的缺点也成为优点：他害羞、口吃、沉默寡言，让他在这个国家面临巨大困难时格外讨喜。他老婆更是厉害——伊丽莎白·鲍斯-莱昂（Elizabeth Bowes-Lyon），是自1660年詹姆斯二世的安妮·海德以来第一个无论国籍还是血统都是纯正英格兰人的不列颠王后。难怪德国人称她为"英国最危险的女人"。她是完美的战时女王——就算是在战前，她的衣服看起来也像是从玛莎百货用优惠券买的，而且她沉稳乐观的性格和她老公顽强的意志相辅相成，使他们得以胜任王室工作。战争期间，他们坚守在白金汉宫，当他们的家被轰炸时，王后的反应很简单，她说轰炸能让她更好地"看清（受冲击最严重的伦敦）东区"。有一次，王室夫妇视察轰炸残骸，有人喊道"你是个好国王"，乔治回复"你是个好人"。乔治57岁时死于因殚精竭虑和不断抽烟引发的循环系统疾病和肺癌。

伊丽莎白二世
（1952年至今在位）

伊丽莎白在"绚烂夺目的彩色影像"中登上王位。如果说她祖父乔治五世是第一位"收音机国王"的话，那她就是第一位"电视机女王"，将恢宏的王室盛典展示给全国乃至全球观众。威斯敏斯特大教堂成为王室家族的电视舞台——其中最精彩的两场演出当数1953年女王的加冕典礼和1981年她儿子查尔斯王子和耀眼的戴安娜的童话婚礼——那场婚礼和她妹妹玛格丽特1960年的典礼一样奢华。前保守党首相温斯顿·丘吉尔乘坐着司机驾驶的劳斯莱斯前来，而前工党首相克莱门特·艾德礼则坐着他老婆开的小迷你汽车（Mini）到达——这即是女王要处理的两种截然不同的政治风格。

　　直到 20 世纪 80 年代，媒体都忠实地与王室合作，将伊丽莎白的王冠变成光环：英国广播公司（BBC）可能会随心所欲地批评上帝，但不会批评王室。然而事情突然就以迅雷不及掩耳之势发生了转变。王室变成了电视名角，暴露在聚光灯下，赢得了一众狂热的粉丝，也由此享受到惹眼的好莱坞待遇，即银幕人物的私生活要受到公众监督。而这个王国曾经受人尊敬、勤勤恳恳、

伊丽莎白二世：历史悠久，魅力有限

尽职尽责的完美家庭，再无意遵循维多利亚的教导。（传说维多利亚有个女儿不想下嫁德国王子，维多利亚劝她说："亲爱的，闭上你的眼睛，想想英格兰。"）女王和她老公深受这群绯闻缠身、自我放纵的孩子们及其对象的困扰。女王的丈夫菲利普·蒙巴顿（即巴滕贝格）是希腊王子梅里奥尼思伯爵和爱丁堡公爵，但却不曾冠名为"王夫"。一名美国大学生在描述不列颠王室时想搜索"有限君主"（monarchy），结果笔误写成了"有限笑柄"（mockery）。

更糟的是，媒体曾尽职尽责地守护王室形象（直到爱德华八世退位前几天，公众才知道他和辛普森夫人的关系），如今却越发充满敌意，不想再维系王室公共形象与私人现实之间的神秘感。1989年，《星期日人物报》（*Sunday People*）的编辑刊登了一张假定继承人——7岁的威廉王子在公园里小便的照片，标题为"王室小不点儿"，副标题为"威利①在公园里淘气地尿尿"，结果被炒了鱿鱼。当然，那是在威廉王子父母的性生活成为国际新闻之前。

只要不列颠王室的八卦在好莱坞眼中始终丰富多彩，或许他们就能挺过丑闻、狗仔和调查新闻。但真正让他们失去灵魂的不是道德，而是无趣。失去实权的这份工作实在没什么意思，除去已故的戴安娜王妃和王太后（如果不算她的帽子），王室一丁点儿魅力也没有。一旦这出肥皂剧走出王室剧场，对于现代君主制至关重要的听众们很可能会起身离开。然而，习俗、历史、盛典依旧，它们足以支撑不列颠王室的未来。埃及最后一任君主法鲁克国王预测未来时曾道出了真理："很快就会只剩五个国王——梅花王、方片王、红桃王、黑桃王，还有英格兰国王。"

---

① 威廉的昵称。

英国王室家谱图

都铎王位继承

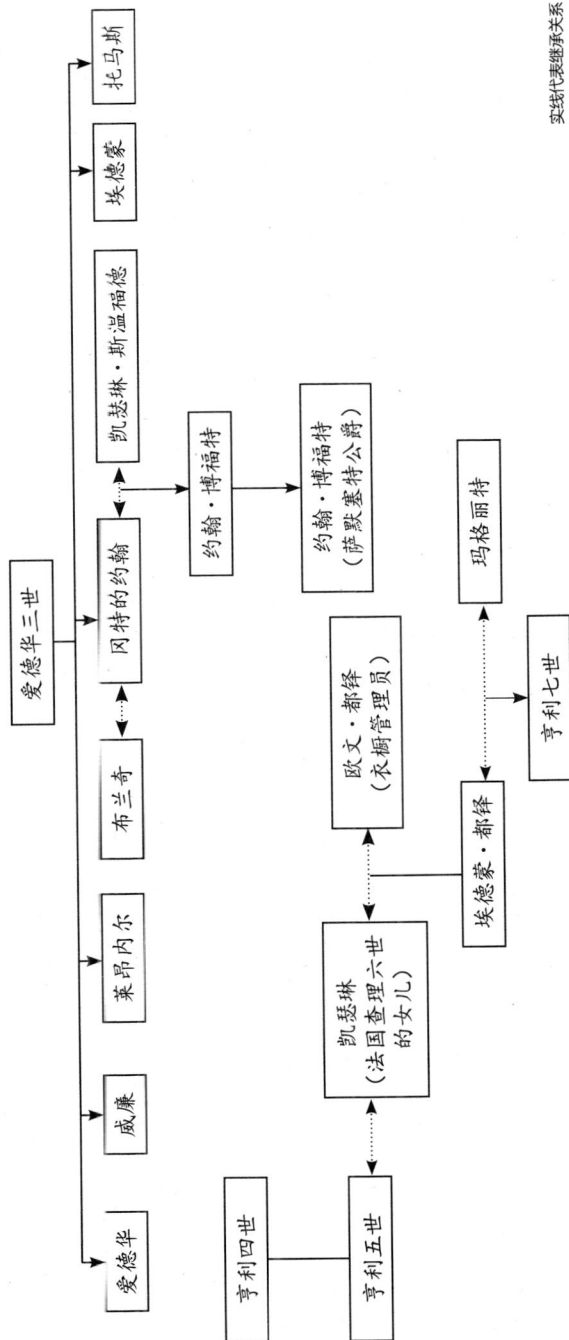

爱德华三世

├─ 爱德华
├─ 威廉
├─ 莱昂内尔
├─ 布兰奇
├─ 冈特的约翰
├─ 凯瑟琳·斯温福德
├─ 埃德蒙
└─ 托马斯

亨利四世 ── 亨利五世

凯瑟琳（法国查理六世的女儿）

冈特的约翰 ── 约翰·博福特 ── 约翰·博福特（萨默塞特公爵）

欧文·都铎（衣橱管理员）

埃德蒙·都铎 ── 玛格丽特 ── 亨利七世

实线代表继承关系
虚线代表婚姻关系
（后同）

301

都铎家族（1485—1603）

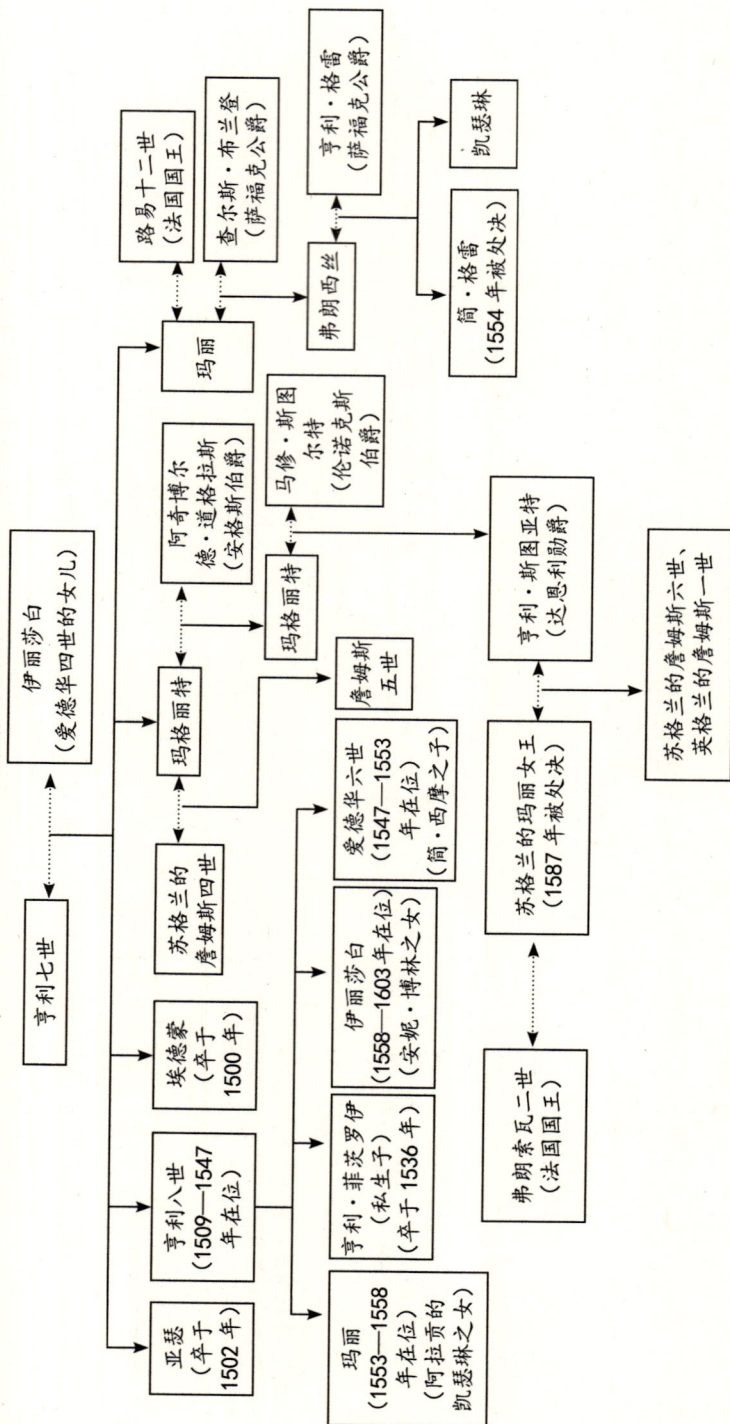

伊丽莎白
（爱德华四世的女儿）

亨利七世

亚瑟
（卒于
1502 年）

亨利八世
（1509—1547
年在位）

埃德蒙
（卒于
1500 年）

苏格兰的
詹姆斯四世

玛格丽特

阿奇博尔
德·道格拉斯伯爵
（安格斯伯爵）

玛丽

路易十二世
（法国国王）

查尔斯·布兰登
（萨福克公爵）

弗朗西丝

亨利·格雷
（萨福克公爵）

简·格雷
（1554 年被处决）

凯瑟琳

玛丽
（1553—1558
年在位）
（阿拉贡的
凯瑟琳之女）

亨利·菲茨罗伊
（私生子）
（卒于 1536 年）

伊丽莎白
（1558—1603 年在位）
（安妮·博林之女）

爱德华六世
（1547—1553
年在位）
（简·西摩之子）

詹姆斯
五世

玛格丽特

马修·斯特
尔特
（伦诺克斯
伯爵）

弗朗索瓦二世
（法国国王）

苏格兰的玛丽女王
（1587 年被处决）

亨利·斯图亚特
（达恩利勋爵）

苏格兰的詹姆斯六世、
英格兰的詹姆斯一世

302

哈布斯堡王朝

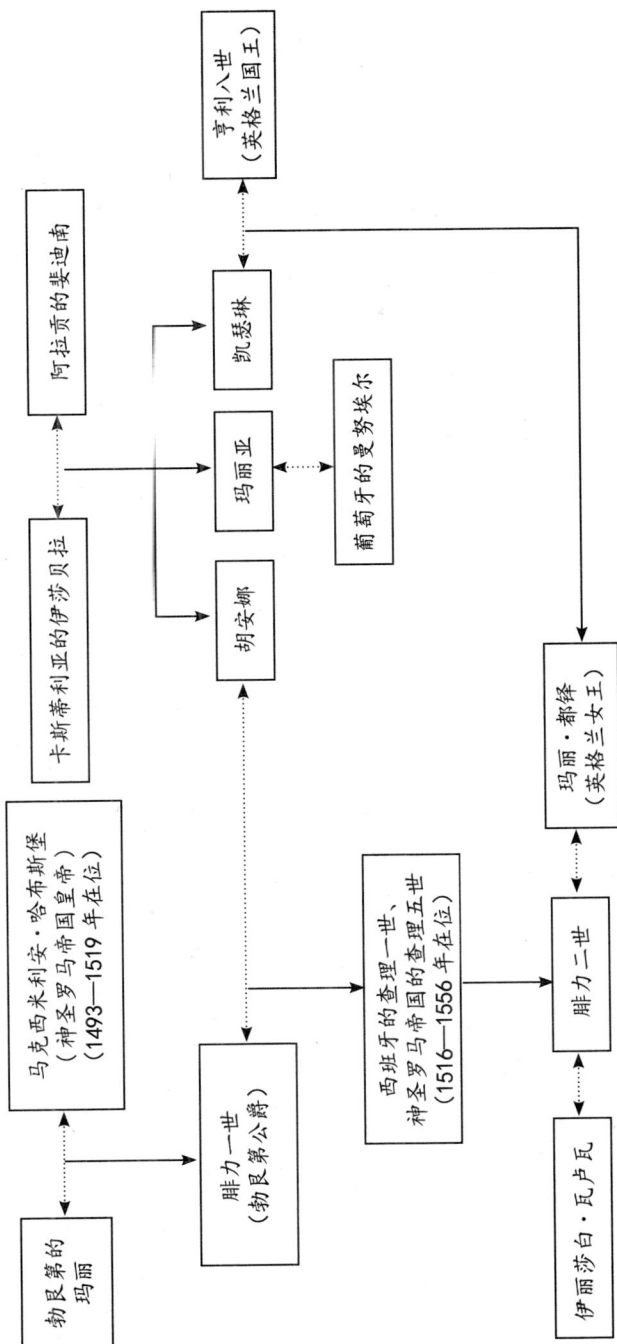

亨利八世
（英格兰国王）

阿拉贡的斐迪南

凯瑟琳

玛丽亚

葡萄牙的曼努埃尔

卡斯蒂利亚的伊莎贝拉

胡安娜

马克西米利安·哈布斯堡
（神圣罗马帝国皇帝）
（1493—1519 年在位）

腓力一世
（勃艮第公爵）

西班牙的查理一世，
神圣罗马帝国的查理五世
（1516—1556 年在位）

腓力二世

玛丽·都铎
（英格兰女王）

伊丽莎白·瓦卢瓦

勃艮第的玛丽

斯图亚特家族

苏格兰的詹姆斯六世，英格兰的詹姆斯一世（1603—1625年在位）

丹麦的安娜

伊丽莎白

巴拉汀的腓特烈

索菲亚

逊帝侯恩斯特

汉诺威

摩德纳的玛丽

詹姆斯二世（1685—1688年在位）

詹姆斯（老僭王）（卒于1766年）

亨利（红衣主教）（卒于1807年）

查理·爱德华（小僭王）（卒于1788年）

安妮（1702—1714年在位）

安妮·海德

玛丽二世（1689—1694年在位）

奥兰治的威廉

威廉三世（1689—1702年在位）

玛丽

亨利埃塔·玛丽亚

查理一世（1625—1649年在位）

布拉干萨的凯瑟琳

查理二世（1660—1685年在位）

詹姆斯·斯科特（蒙茅斯公爵，私生子）

304

参考文献

"英国史"系列的 4 本书——C. W. 霍利斯特（C. W. Hollister）、罗伯特·斯塔塞（Robert Stacey）和罗宾·斯塔塞（Robin Stacey）的《英格兰的诞生至 1399 年》(*The Making of England To 1399*)、L. B. 史密斯（L. B. Smith）的《英格兰领地 1399—1688》(*This Realm of England 1399—1688*)、W. B. 威尔科克斯（W. B. Willcox）和 W. L. 阿恩斯坦（W. L. Arnstein）的《贵族时代 1688—1830》(*The Age of Aristocracy 1688—1830*)，以及 W. L. 阿恩斯坦的《不列颠的今时往日，从 1830 年至今》(*Britain Yesterday and Today 1830 to the Present*)——非常生动详尽，每一本都值得参考。

一般性参考著作（按历史排序）

Green, Miranda J. *The World of the Druids* (1997)

Arnold, C. J. *Roman Britain to Saxon England* (1988)

Barlow, Frank. *William I and the Norman Conquest* (1965)

Holt, J. C. *Magna Carta* (2nd ed. 1992)

Keen, Maurice. *England in the Later Middle Ages* (1973)

Allmand, C. T. *The Hundred Years War: England and France at War, c. 1300—1450* (1988)

Guy, John. *Tudor England* (1990)

Smith, L. B. *The Elizabethan World* (2nd ed. 1991)

O' Day , R. *The Debate on the English Reformation* (1986)

Mattingly, G. *The Armada* (1962)

Tillyard, E. M. W. *The Elizabethan World Picture* (1934)

Clarkson, L. A. *The Pre-Industrial Economy of England 1500—1750* (1971)

Laslett, Peter. *The World We Have Lost* (1965)

Coward, B. *The Stuart Age* (1980)

Richardson, R. C. *The Debate on the English Civil War Revisited* (1989)

Plumb, John. *England in the Eighteenth Century* (1963)

Ashley, Maurice. *The Glorious Revolution* (1966)

Briggs, Asa. *The Power of Steam* (1982)

Brewer, John. *Sinews of Power: War, Money, and the English State, 1688—1783* (1989)

Black, Jeremy. *War for America: The Fight for Independence, 1775—1783* (1992)

Perkin, Harold. *The Origins of Modern English Society 1780—1880* (1969)

Mingay, G. E. *The Gentry: The Rise and Fall of a Ruling Class* (1976)

Briggs, Asa. *The Age of Improvement, 1783—1867* (2nd ed. 2000)

Young, G. M. *Victorian England: Portrait of an Age* (1936)

Woodham–Smith, Cecil. *The Reason Why* (1954)

Tuchman, Barbara. *The Guns of August* (1962)

Graves, Robert. *Goodbye to All That* (1929)

Clarke, Peter. *Hope and Glory: Britain 1900—1990* (1996)

Cannadine, David. *The Decline and Fall of the British Aristocracy* (1990)

Wiener, Martin J. *English Culture and the Decline of the Industrial Spirit, 1850—1980* (1981)

Porter, Roy. *London: A Social History* (1995)

Girouard, Mark. *Life in the English Country House: A Social and Architectural History* (1978)

Ferguson, Niall. *Empire: The Rise and Demise of the British World Order and the Lessons for Global Power* (2002)

Paxman, Jeremy. *The English: A Portrait of a People* (2000)

传记类著作（按历史排序）

Smyth, Alfred P. *King Alfred the Great* (1998)

Owen, D. D. R. *Eleanor of Aquitaine: Queen and Legend* (1993)

Warren, W. L. *Henry II* (1973)

Hutchinson, H. F. *The Hollow Crown. A Life of Richard II* (1961)

Kendall, P. M. *Richard III* (1955)

Smith, Lacey B. *Henry VIII: The Mask of Royalty* (1971)

Johnson, P. *Elizabeth I: A Study of Power and Intellect* (1974)

Bowles, C. *Charles the First* (1975)

Ashley, Maurice. *Charles I and Oliver Cromwell: A Study in Contrasts and Comparisons* (1987)

Hibbert, Christopher. *George III, A Personal History* (1998)

Plumb, John. *The First Four Georges* (1956)

Arnstein, Walter L. *Queen Victoria* (2003)

Somervell, D. C. *Disraeli and Gladstone, A Duo-Biographical Sketch* (7th ed. 1932)

Gilbert, Martin. *Winston Churchill: A Life* (1991)

插图索引

第 60 页 : *Billy Nye's Comic History*, p. 163.

第 61 页 : A' Beckett, *Comic History of England*, p. 80.

第 63 页 : *Punch* (17 Nov 1937), p. 552.

第 68 页 : *Punch* (18 Dec 1912), p. 503.

第 71 页 : A' Beckett, *Comic History of England*, p. 62.

第 72 页 : *Billy Nye's Comic History*.

第 74 页 : Thomas Wright, *A History of Caricature and Grotesque in Literature and Art* (London, 1875), p. 256.

第 76 页 : A' Beckett, *Comic History of England*, p. 98.

第 79 页 : A' Beckett, *Comic History of England*, p. 113.

第 81 页 : *Punch* (Jan 1851), p. 18.

第 83 页 : William Brannon.

第 91 页 : *Punch* (20 Jul 1938), p. 61.

第 94 页 : A' Beckett, *Comic History of England*, p. 157.

第 96 页 : A' Beckett, *Comic History of England*, p. 168.

第 99 页 : Sellar and Yeatman, *1066 and All That*, p. 64.

第 101 页 : Arthur Moreland, *Humors of History* #148 (London, 1903).

第 107 页 : *Punch* (28 May 1930), p. 613.

第 109 页 : W. S. Gilbert, '*The Bab' Ballads* (London, 1868).

第 111 页 : *Punch* (7 Dec 1927), p. 635.

第 116 页 : Roduelph Ackerman, *Microcosm of London* (London, 1808—11).

第 118 页 : Adapted from an 18th−century engraving.

第 120 页 : Thomas Wright, *England Under the House of Hanover*, vol. 1 (London, 1848), p. 368.

第 123 页 : Burr Shafer, *The Wonderful World of J. Wesley Smith* (New York: Scholastic Book Services, 1960. Fourth printing, 1971). By permission of Vanguard Press, Random House.

第 126 页 : A' Beckett, *Comic History of England*, p. 279.

第 129 页 : Sellar and Yeatman, *1066 and All That*.

第 134 页 : Thomas Wright, *England Under the House of Hanover*, vol. 2, p. 22.

第 135 页 : Burr Shafer, *The Wonderful World of J. Wesley Smith*. By permission of Vanguard

Press, Random House.

第 138 页 : *Punch* (1845), p. 49.

第 146 页 : A. M. Broadley, *Napoleon in Caricature 1795—1821*, vol. 2 (London, 1911), p. 12.

第 148 页 : *Punch* (May 1843).

第 149 页 : *Punch*, vol. 9 (1845), p. 188.

第 152 页 : W. S. Gilbert, *More Bab Ballads* (London, 1872).

第 156 页 : *Punch* (28 Feb 1874), p. 89.

第 157 页 : Harry Furniss, *The Confessions of a Caricaturist*, vol. 1 (New York and London, 1901), p. 165.

第 162 页 : *Punch* (1855), p. 64.

第 164 页 : *Punch* (1846), p. 69.

第 166 页 : *Punch* (22 Apr 1936), p. 457.

第 170 页 : *Punch* (21 Jun 1933), p. 689.

第 172 页 : *Punch* (23 Nov 1938), p. 567.

第 174 页 : W. S. Gilbert, *'Bab' Ballads*.

第 176 页 : *Punch* (1896).

第 180 页 : *Simplicissimus Illustrierte Wockenschrift* #6 (Speczial Nummer: Kolonien, 1904), p. 55.

第 181 页 : *Punch* (17 Feb 1937), p. 177.

第 184 页 : *Punch* (2 Oct 1912).

第 186 页 : *Punch* (4 Jun 1913), p. 437.

第 190 页 : *Punch* (29 Jan 1941), p. 119.

第 195 页 : *Punch* (2 Mar 1938), p. 237.

第 201 页 : *Punch* (20 Sept 1939), p. 311.

第 205 页 : *Punch* (8 Nov 1939), p. 507.

第 208 页 : *Punch* (9 Dec 1936), p. 653.

第 218 页 : Adapted mostly from *Punch* with a few hand drawn additions by the author.

第 229 页 : *Billy Nye's Comic History*, p. 80.

第 232 页 : Sellar and Yeatman, *1066 and All That*.

第 234 页 : A' Beckett, *Comic History of England*, p. 90.

第 237 页 : A' Beckett, *Comic History of England*, p. 110.

第 239 页 : A' Beckett, *Comic History of England*, p. 244.

第 241 页 : A' Beckett, *Comic History of England*, p. 129.

第 243 页 : A' Beckett, *Comic History of England*, p. 153.

第 245 页 : Sellar and Yeatman, *1066 and All That*.

第 247 页 : *Billy Nye's Comic History*, p. 151.

第 248 页 : A' Beckett, *Comic History of England*.

第 251 页 : A' Beckett, *Comic History of England,* p. 115.

第 252 页 : *Billy Nye's Comic History*, p. 166.

第 254 页 : A' Beckett, *Comic History of England*, p. 289.

第 256 页 : A' Beckett, *Comic History of England*, p. 297.

第 258 页 : Sellar and Yeatman, *1066 and All That*.

第 260 页 : A' Beckett, *Comic History of England*, p. 18.

第 261 页 : A' Beckett, *Comic History of England*, p. 25.

第 263 页 : *Billy Nye's Comic History*.

第 265 页 : *Billy Nye's Comic History*.

第 267 页 : *Punch* (1896).

第 269 页 : A' Beckett, *Comic History of England*, p. 125.

第 272 页 : A' Beckett, *Comic History of England*, n. p.

第 275 页 : A' Beckett, *Comic History of England*, p. 253.

第 280 页 : A' Beckett, *Comic History of England*, p. 281.

第 282 页 : Thomas Wright, *A History of Caricature and Grotesque*, p. 470.

第 285 页 : George Cruikshank, *The Political House That Jack Built* (London, 1819), p. 86.

第 288 页 : Sellar and Yeatman, *1066 and All That*.

第 289 页 : *Life* (5 Apr 1883).

第 292 页 : *Punch* (Oct 1918).

第 295 页 : *Punch* (29 Jan 1936), p. 139.

第 297 页 : *Punch* (30 Dec 1936), p. 740.

第 299 页 : CartoonStock, Ltd.

ENGLISH HISTORY MADE BRIEF, IRREVERENT, AND PLEASURABLE
Copyright©2007 LACEY BALDWIN SMITH

This edition published by arrangement with Susan Schulman A Literary Agency and
Chicago Review Press through Big Apple Agency, Inc., Labuan, Malaysia.

图书在版编目（CIP）数据

教授的英国史 /（美）莱西·鲍德温·史密斯著；杨佳琳译 . —北京：北京时代华文书局，2021.8

ISBN 978-7-5699-4200-2

Ⅰ.①教… Ⅱ.①莱…②杨… Ⅲ.①英国—历史—通俗读物 Ⅳ.① K561.09

中国版本图书馆 CIP 数据核字 (2021) 第 104627 号

北京市版权著作权合同登记号 图字：01-2019-1450

LACEY BALDWIN SMITH

English History Made Brief, Irreverent, and Pleasurable

教 授 的 英 国 史

JIAOSHOU DE YINGGUOSHI

著　　者 |［美］莱西·鲍德温·史密斯
译　　者 | 杨佳琳

出 版 人 | 陈　涛
策划编辑 | 康　扬
责任编辑 | 黄思远
责任校对 | 凤宝莲
营销编辑 | 梁　希
封面设计 | 高　熹
内文排版 | 迟　稳
责任印制 | 訾　敬

出版发行 | 北京时代华文书局 http://www.bjsdsj.com.cn
　　　　　 北京市东城区安定门外大街 136 号皇城国际大厦 A 座 8 楼
　　　　　 邮编：100011　电话：010 - 64267955　64267677
印　　刷 | 三河市兴博印务有限公司　电话：0316-5166530
　　　　　（如发现印装质量问题，请与印刷厂联系调换）

开　　本 | 880mm×1230mm　1/32　　印　　张 | 10　　字　　数 | 230 千字
版　　次 | 2022 年 3 月第 1 版　　　　　 印　　次 | 2022 年 3 月第 1 次印刷
书　　号 | ISBN 978-7-5699-4200-2
定　　价 | 59.00 元